ESTUDO DE PADRÕES NA MATEMÁTICA E A BNCC de Bolso

Reflexões para a prática em sala de aula

Luiz Roberto Dante

Luiz Roberto Dante

Licenciado em Matemática pela Universidade Estadual de São Paulo (Unesp) de Rio Claro; mestre em Matemática pela Universidade de São Paulo (USP) de São Carlos; doutor em Psicologia da Educação pela Pontifícia Universidade Católica de São Paulo (PUC-SP); livre docente em Educação Matemática pela Unesp de Rio Claro; palestrante em congressos em treze países. Ex-presidente da Sociedade Brasileira de Educação Matemática; ex-secretário executivo do Comitê Interamericano de Educação Matemática; um dos redatores dos Parâmetros Curriculares Nacionais (PCN) de Matemática para o Ministério da Educação (MEC). Autor de livros didáticos e paradidáticos de Matemática desde a educação infantil até o ensino médio.

Homenagem ao Professor Doutor Fernando Viana,

extraordinário professor de Matemática do Ensino Médio e de cursos pré-vestibulares em João Pessoa-PB, que participou e participa, há muitos anos, das minhas obras didáticas.

"O professor de Matemática é o grande responsável por desenvolver o raciocínio lógico, a criatividade e o pensamento analítico nos jovens estudantes. Lecionar sobre a Rainha das Ciências exige além de sensibilidade, motivação e resiliência, muita paixão" (Fernando Viana)

Sumário

INTRODUÇÃO 11

1 A MATEMÁTICA COMO CIÊNCIA DOS PADRÕES 13

2 OS PADRÕES EM MATEMÁTICA NA BNCC 23

3 ETAPA DA EDUCAÇÃO INFANTIL 31

4 ETAPA DO ENSINO FUNDAMENTAL – ANOS INICIAIS 41

5 ETAPA DO ENSINO FUNDAMENTAL – ANOS FINAIS 63

6 ETAPA DO ENSINO MÉDIO 91

7 VARIEDADE DE PADRÕES NA MATEMÁTICA, NA NATUREZA E NAS ARTES. 103

CONCLUSÃO 117

REFERÊNCIAS 119

INTRODUÇÃO

Quando se pergunta a matemáticos "O que é a Matemática?", muitos respondem que "A Matemática é o estudo de padrões e regularidades". No entanto, essa temática esteve fora dos currículos escolares por muito tempo. Mais recentemente, tem-se enfatizado a importância do trabalho pedagógico em torno da identificação, da construção e da representação de padrões, como forma que permite ampliar as competências matemáticas de estudantes da Educação Básica. Efetivamente, a proposta de estudo dos padrões está presente na Base Nacional Comum Curricular (BNCC) e tem despertado cada vez mais interesse entre os especialistas em Educação Matemática. Mas, como abordar esse tema nas aulas para estudantes de diferentes idades? Foi pensando justamente na necessidade de incluir e aprofundar o estudo de padrões ou regularidades em Matemática em todos os níveis da educação básica, desde a Educação Infantil até o Ensino Médio, que preparei este material. Aqui você vai encontrar uma breve introdução teórica, situando a discussão acerca da temática na literatura. Em seguida, vamos identificar como a BNCC propõe o estudo dos padrões e detalhar abordagens que considerei pertinentes e interessantes para cada nível de ensino, apresentando alguns exemplos que podem nos ajudar a compreender as possibilidades do tratamento desse tema no cotidiano da sala de aula. Por fim, apresentamos um pouco da variedade de padrões na Matemática. Então, vamos lá!

1 A MATEMÁTICA COMO CIÊNCIA DOS PADRÕES

O intuito de melhorar as competências matemáticas de estudantes da Educação Básica tem mobilizado docentes e especialistas na busca de variados materiais pedagógicos e abordagens didáticas. Nesse sentido, é fundamental envolver os estudantes em atividades criativas e desafiadoras, que favoreçam o desenvolvimento de habilidades mais elaboradas do ponto de vista cognitivo, tais como a resolução de problemas, o raciocínio e a comunicação de ideias matemáticas, utilizando diferentes linguagens. Afirmar que se tratam de habilidades mais elaboradas não significa que seriam viáveis apenas para um grupo seleto de estudantes; ao contrário, o trabalho pedagógico cuidadoso pode permitir – e inúmeros pesquisadores indicam ser necessário – o desenvolvimento dessas habilidades nos mais variados contextos escolares e para todas as pessoas, desde a Educação Infantil, atreladas a atividades de natureza exploratória e desafiadora, de modo a criar interesse e engajamento.

Conforme argumenta Jo Boaler (2019), a Matemática envolve a descoberta e o estudo de padrões. A autora menciona a seguinte constatação:

> Em meus diferentes estudos de pesquisa, pedi a centenas de crianças, ensinadas de forma tradicional, que me dissessem o que é matemática. Elas normalmente falam de coisas, como "números" ou "um monte de regras". Pergunte a matemáticos o que é matemática

> e o mais normal será eles dizerem que é "o estudo de padrões" ou "um conjunto de ideias conectadas" (2019, p. 11).

O estudo de padrões acrescenta às aulas aspectos que motivam e contextualizam as aprendizagens matemáticas. É, ainda, do livro de Jo Boaler (2019, p. 14, grifo meu) o seguinte relato que nos ajuda a perceber quão importante é que se proponha o estudo dos padrões como formas de ampliação da capacidade de raciocínio:

> No início de seu livro *O gene da matemática*, Devlin nos conta que detestava matemática nos anos iniciais do ensino fundamental. Ele então recorda-se de sua leitura do livro *Prelude to mathematics*, de W.W. Sawyer, durante o ensino médio o qual cativou seu pensamento e ainda o fez cogitar tornar-se matemático. Uma das passagens de Devlin se inicia com uma citação do livro de Sawyer: "A matemática é a classificação e o estudo de todos os padrões possíveis". Padrão é utilizado aqui de uma forma com a qual todos podem concordar. Deve-se compreendê-lo de uma maneira muito ampla, para abarcar quase *qualquer tipo de regularidade que pode ser reconhecida pela mente*. A vida e certamente a vida intelectual, só é possível porque existem regularidades no mundo. Um pássaro reconhece as listras pretas e amarelas de uma vespa; o homem reconhece que o crescimento de uma planta segue a semeadura. Em cada caso, a mente está consciente de um padrão.

Mas a possibilidade de ampliar o raciocínio em geral, contextualizar e aumentar a motivação, não são as únicas razões para reivindicar maior centralidade do trabalho com padrões nas aulas de Matemática. Isabel Vale (2012, p. 182) tem desenvolvido uma quantidade considerável de estudos que autorizam, por exemplo, a defender "a importância de tarefas de natureza exploratória, em particular as que envolvem generalizações na descoberta e estudo de padrões em contextos figurativos/visuais como componente essencial do pensamento algébrico". Ou seja, cada vez mais se confirma a compreensão de que é preciso propor tarefas significativas e diversificadas que envolvam ativamente os estudantes, se a intenção é obter um ensino eficaz que os torne mais competentes em Matemática. Isabel Vale (2012) argumenta que é preciso enfatizar, nos contextos de ensino, tarefas *matematicamente* ricas, o que requer uma postura investigativa, não apenas de estudantes, mas também de docentes, que dê espaço a interações de qualidade em que todos estejam engajados a pensar sobre novas proposições. Segundo Vale (2019, pp. 184-185), de professoras e professores se demanda, portanto, que não apresentem apenas raciocínios prontos, mas que se abram para a descoberta e o diálogo em interlocução com os estudantes.

> O nível cognitivo que as tarefas suscitam tem muito a ver com a sua natureza, mas também com a exploração feita pelo professor e o modo como são realizadas pelos alunos. O muito ou pouco apoio pode resultar num aumento ou diminuição cognitivo da tarefa (e.g. Doyle, 1988; NCTM, 2000; Smith, Hughes, Engle & Stein, 2009; Stein & Smith, 1998). Um modo de melhorar uma compreensão conceptual da matemática deve focar-se em torno de tarefas matematicamente desafiantes, que promovam o pensamento flexível,

> raciocínio e resolução de problemas (Smith et al., 2009), dando aos alunos oportunidades para partilhar e clarificar ideias matemáticas e aprender a partir de outras perspectivas (NCTM, 2000).

Como vimos, muitos autores têm ressaltado a importância do estudo dos padrões na Matemática. Johnson e Rising (1972) afirmam que ela pode ser vista como uma maneira de pensar, uma linguagem, uma estrutura organizada de conhecimentos, uma arte e, também, como o estudo de padrões. Isso significa que qualquer tipo de regularidade constitui padrões que podem ser descritos e analisados matematicamente. Lynn Steen (1988) defende que a Matemática corresponde à ciência dos padrões.

Normalmente, quando falamos em padrão, a primeira ideia que nos vem à mente são padrões visuais, tais como os desenhos regulares em tecidos, nas gravuras decorativas e na arte. No entanto, os padrões encontram-se em uma considerável multiplicidade de contextos, como em ondas de rádio, na estrutura das moléculas, nos favos de mel, em sequências numéricas, no ritmo das músicas, em arranjos de cores, dentre muitos outros; ou seja, os padrões têm relação com desenhos, mas não se restringem a eles.

> O matemático procura padrões em números, em espaços, na ciência, em computadores e na imaginação. Teorias matemáticas explicam as relações entre padrões; funções e mapas, operadores e morfismos ligam um tipo de padrão a outro para produzir estruturas matemáticas duráveis (STEEN, 1988, p. 616).

As implicações dessa compreensão para o ensino da Matemática são evidentes. O trabalho pedagógico, nesse caso, frequentemente parte da identificação e da descrição das regularidades visuais, mas deve avançar para permitir que os estudantes sejam capazes de completar sequências e criar novos padrões, bem como desenvolverem estratégias de registro e comunicação dos raciocínios implicados em padrões e, ainda, a possibilidade de estabelecerem generalizações. Nesse sentido, os especialistas convergem quanto à importância desse tipo de trabalho para a construção do pensamento algébrico e de outros raciocínios matemáticos fundamentais. Isso tem sido destacado também nos documentos do National Council of Teachers of Mathematics (NCTM). Lopes (2012, p. 29) ressalta que:

> [...] o NCTM refere que o desenvolvimento de competências com padrões é relevante para a capacidade de:
> (I) resolver problemas;
> (II) compreender conceitos e relações importantes;
> (III) investigar relações entre quantidades (variáveis) num padrão;
> (IV) generalizar padrões através do uso de palavras ou variáveis;
> (V) continuar e relacionar padrões;
> (VI) compreender o conceito de função.

Dado o fato de que a competência com padrões se articula a diversos domínios da Matemática, tem sido defendido que sua inclusão no currículo escolar se dê como tema transversal. Isso corresponde a afirmar que o trabalho com padrões atravessa e se atrela a vários temas curriculares nas aulas de Matemática, ou seja, os padrões comparecem em atividades que envolvem números, grandezas e medidas, probabilidade, Geometria e, claro, Álgebra. Como destaca Vale (2012, p. 187):

> O papel do professor neste processo é crucial. A forma como se apresenta uma tarefa ou como o questionamento é efectuado pode condicionar que uma simples tarefa aritmética se transforme numa tarefa algébrica, onde há espaço para construir padrões, conjecturar, generalizar e justificar factos e relações matemáticas. Blanton e Kaput (2005) consideram que o raciocínio algébrico pressupõe que os alunos, partindo da observação de um conjunto de evidências, generalizem ideias matemáticas através de argumentações, expressando-as de modos cada vez mais formais de acordo com a idade. Assim, a álgebra é vista como uma ferramenta para expressar tais generalizações.

Isso permite a educadoras e educadores, diferentes possibilidades de exploração, ao proporem atividades e discussões que ofereçam oportunidades para trabalhar com padrões e, com base em conjeturas e indagações feitas por estudantes, propor novas perguntas que levem a generalizações. É importante que o(a) professor(a) decida, no momento de realização da atividade,

> [...] quais aspectos da tarefa a destacar, como organizar o trabalho dos alunos, que perguntas colocar de modo a constituírem um desafio aos alunos com diferentes níveis de experiência e como apoiá-los, mas sem eliminar o desafio contido na tarefa (VALE, 2012, p. 185).

Isso não significa que é preciso, necessariamente, abordar aspectos com alto nível de dificuldade.

> As tarefas mais desafiantes normalmente requerem mais do que elaborados conceitos matemáticos, mas um olhar diferente mobilizando os conhecimentos prévios e alguma persistência, além de que grande parte do desafio pode também ser fornecido pelo professor (VALE, 2012, p. 185).

Nesse sentido, vale destacar a importância de que esse trabalho seja desenvolvido tanto com crianças da Educação Infantil e dos Anos Iniciais do Ensino Fundamental, quanto com adolescentes, nos Anos Finais do Ensino Fundamental e no Ensino Médio. Também é preciso dizer que as atividades que envolvem padrões em Matemática devem ser contempladas em muitas das aulas de Matemática ao longo de um ano letivo.

Outro ponto que merece destaque diz respeito ao desafio proposto aos estudantes, no sentido de registrar e comunicar os resultados de suas observações e conclusões. Nesse caso, é fundamental valorizar o que Polya (1988) chama de *intuição visual*. Isso significa que é importante, qualquer que seja a idade de crianças e adolescentes, estimulá-los em suas estratégias de resolução de problemas quanto à potencialidade de *fazer um desenho*. Os recursos visuais, como desenhos, gráficos, tabelas, diagramas, dentre outros, são modos produtivos de dar sustentação a um raciocínio em construção e de comunicar ideias. Vale lembrar que a representação das ideias matemáticas é um grande desafio e exige avanço cuidadoso e progressivo com vistas a habilitar os e as estudantes a serem capazes de traduzir o pensamento em linguagem mais formal (tanto na língua materna como em linguagem matemática), aos poucos, de acordo com a idade. Por outro lado, importa observar que essa não é uma competência que chega automaticamente em certa idade; é, antes, resultado de um longo e contínuo trabalho pedagógico. Daí a crítica que se faz ao adiamento do contato dos estudantes com tópicos que precisam estar sempre presentes em sua formação, tais como a Geometria e o pensamento algébrico.

O trabalho com padrões se articula muito particularmente aos objetivos curriculares expressos na formulação e na resolução de problemas. Para tanto, é relevante abrir espaço nas aulas de Matemática, tanto para a criatividade, como para o pensamento divergente (Polya, 1988). A dificuldade é que, tradicionalmente, "a escola tem proposto aos alunos sobretudo perguntas e tarefas fechadas, nada desafiantes, que encaminham os alunos para uma única resposta, normalmente através de procedimentos rotineiros" (VALE, 2012, p. 192). O trabalho com resolução de problemas em Matemática integra processos de exploração, experimentação, conjectura, generalização, discussão de ideias etc., de modo que se possa considerar diversas formas de chegar a soluções. Esses processos são semelhantes aos que permitem o avanço no trabalho com padrões nas aulas de Matemática. Além disso, importa observar que a heurística proposta por Polya (1988) para a resolução de problemas considera a procura por padrões como uma das estratégias para solucionar problemas. Propostas didáticas desse tipo requerem que os e as docentes revisitem conceitos e estejam abertas e abertos a conhecer outros caminhos para a solução de problemas matemáticos, para além daqueles que aprenderam ao longo de suas formações ou mesmo diferentes do que se convencionou a se utilizar na área disciplinar.

Há vários tipos de padrão em Matemática: eles podem ser de repetição ou de crescimento; lineares ou não lineares; numéricos ou figurais. Deve-se também observar que há padrões por toda a parte na vida cotidiana. Antes, no entanto, de apresentarmos uma breve sistematização desses aspectos, passemos à identificação da presença de padrões na BNCC.

2 OS PADRÕES EM MATEMÁTICA NA BNCC

De início, é preciso considerar que a menção explícita aos padrões não esgota as possibilidades de seu ensino na Educação Básica. Assim, para além de indicar aquilo que se refere aos padrões de modo evidente, buscamos destacar outras expressões que se relacionam ao tema, tais como regularidade e generalização.

Isso acontece na unidade temática "Álgebra", em que o termo *regularidade* é mais recorrente do que *padrão*. Generalização consta, principalmente, em habilidades previstas para o Ensino Médio, vinculada à competência específica 5, que associa padrões à Álgebra. Também é importante destacar que alguns temas abrem uma brecha para o trabalho com padrões, embora não se limitem a eles. É o caso, por exemplo, de grandezas e medidas, em que a aprendizagem das unidades padronizadas de medidas, como o metro ou o litro, permitem a identificação de regularidades e operarem efetivamente com padrões. Também é preciso considerar que no ensino da probabilidade, um aspecto importante é a percepção da existência de regularidade no acaso, o que, afinal, foi a razão do surgimento dos estudos de probabilidade.

Em números, embora o foco dos trabalhos esteja mais centrado na quantificação e nas operações matemáticas, há igualmente como explorar o conceito de padrão. Assim, as sequências numéricas, as sequências de múltiplos e divisores e a potenciação são evidentemente aberturas para atividades muito interessantes.

Para a Educação Infantil, como seu currículo não se organiza por áreas do conhecimento, as possibilidades de trabalho pedagógico com padrões estão distribuídas em mais de um dos campos de experiência. Adiante, apresentaremos algumas ideias para o estudo de padrões em Matemática para cada nível da Educação Básica.

A discussão curricular leva em conta a multiplicidade de possibilidades do estudo da Matemática e sua relação com outras áreas do saber durante toda a Educação Básica . Conforme destacado na BNCC:

> A Matemática não se restringe apenas à quantificação de fenômenos determinísticos – contagem, medição de objetos, grandezas – e das técnicas de cálculo com os números e com as grandezas, pois também estuda a incerteza proveniente de fenômenos de caráter aleatório. A Matemática cria sistemas abstratos, que organizam e inter-relacionam fenômenos do espaço, do movimento, das formas e dos números, associados ou não a fenômenos do mundo físico. Esses sistemas contêm ideias e objetos que são fundamentais para a compreensão de fenômenos, a construção de representações significativas e argumentações consistentes nos mais variados contextos. (BRASIL, 2018, p. 256)

No caso do ensino fundamental, o documento destaca a centralidade do letramento matemático no ensino de Matemática:

> O Ensino Fundamental deve ter compromisso com o desenvolvimento do **letramento matemático**, definido como as competências e habilidades de raciocinar, representar, comunicar e argumentar matematicamente, de modo a favorecer o estabelecimento de conjecturas, a formulação e a resolução de problemas em uma variedade de contextos, utilizando conceitos, procedimentos, fatos e ferramentas matemáticas. (BRASIL, 2018, p. 266).

Nesse sentido, é importante observar a noção de raciocínio, que aparece como uma das competências que devem ser desenvolvidas no Ensino Fundamental, em atividades que envolvem diversos conhecimentos matemáticos. Em associação, estão presentes também a competência investigativa e a capacidade de comunicar ideias matemáticas. Tais aspectos são mencionados explicitamente na competência específica 2, proposta para o Ensino Fundamental: "Desenvolver o raciocínio lógico, o espírito de investigação e a capacidade de produzir argumentos convincentes, recorrendo aos conhecimentos matemáticos para compreender e atuar no mundo". (BRASIL, 2018, p. 267).

Na BNCC, é associado ao estudo da Álgebra em que o trabalho com padrões aparece nominalmente indicado:

> A unidade temática Álgebra, por sua vez, tem como finalidade o desenvolvimento de um tipo especial de pensamento – pensamento algébrico – que é essencial para utilizar modelos matemáticos na compreensão,

> representação e análise de relações quantitativas de grandezas e, também, de situações e estruturas matemáticas, fazendo uso de letras e outros símbolos. Para esse desenvolvimento, é necessário que os alunos identifiquem regularidades e padrões de sequências numéricas e não numéricas, estabeleçam leis matemáticas que expressem a relação de interdependência entre grandezas em diferentes contextos, bem como criar, interpretar e transitar entre as diversas representações gráficas e simbólicas, para resolver problemas por meio de equações e inequações, com compreensão dos procedimentos utilizados. (BRASIL, 2018, p. 270).

Nesse sentido, importa ressaltar que o desenvolvimento do pensamento algébrico está proposto como processo contínuo desde os Anos Iniciais do Ensino Fundamental. Assim, se a aprendizagem da formalização matemática, nessa unidade temática, é algo previsto para os anos finais, isso não significa que o trabalho com o tema deva estar restrito àquela etapa de ensino.

> Nessa perspectiva, é imprescindível que algumas dimensões do trabalho com a álgebra estejam presentes nos processos de ensino e aprendizagem desde o Ensino Fundamental – Anos Iniciais, como as ideias de regularidade, generalização de padrões e propriedades da igualdade. No entanto, nessa fase, não se propõe o uso de letras para expressar regularidades, por mais simples que sejam. A relação dessa unidade temática com a de Números é bastante evidente no trabalho com sequências (recursivas e repetitivas), seja na ação de completar uma sequência

> com elementos ausentes, seja na construção de sequências segundo uma determinada regra de formação. (BRASIL, 2018, p. 270).

É preciso destacar esse ponto, visto que, tradicionalmente, tais conhecimentos têm estado ausentes do planejamento docente dos anos iniciais, cujo foco tende a ser o ensino dos números e das operações aritméticas. No entanto, como alerta o texto da BNCC, "nessa fase, as habilidades matemáticas que os alunos devem desenvolver não podem ficar restritas à aprendizagem dos algoritmos das chamadas 'quatro operações', apesar de sua importância". (BRASIL, 2018, p. 276).

Já no que se refere aos anos finais do Ensino Fundamental, a proposição é retomar aquilo que foi trabalhado no início da escolarização e avançar no domínio de tais conhecimentos, na capacidade de generalização e formalização dos raciocínios:

> No Ensino Fundamental – Anos Finais, os estudos de Álgebra retomam, aprofundam e ampliam o que foi trabalhado no Ensino Fundamental – Anos Iniciais. Nessa fase, os alunos devem compreender os diferentes significados das variáveis numéricas em uma expressão, estabelecer uma generalização de uma propriedade, investigar a regularidade de uma sequência numérica, indicar um valor desconhecido em uma sentença algébrica e estabelecer a variação entre duas grandezas. (BRASIL, 2018, pp. 270-271).

Também o trabalho pedagógico em torno do desenvolvimento das competências de comunicação e argumentação é enfatizado para os anos finais: "Nessa fase, precisa ser destacada a importância da comunicação em linguagem matemática com o uso da linguagem simbólica, da representação e da argumentação". (BRASIL, 2018, p. 298).

Destaca-se, ainda, que:

> [...] é importante iniciar os alunos, gradativamente, na compreensão, análise e avaliação da argumentação matemática. Isso envolve a leitura de textos matemáticos e o desenvolvimento do senso crítico em relação à argumentação neles utilizada". (BRASIL, 2018, p. 299).

No Ensino Médio, o trabalho pedagógico deve dar continuidade às aprendizagens realizadas ao longo do Ensino Fundamental, tendo por foco "a construção de uma visão integrada da Matemática, aplicada à realidade, em diferentes contextos. Consequentemente, quando a realidade é a referência, é preciso levar em conta as vivências cotidianas dos estudantes do Ensino Médio" (BRASIL, 2018, p. 528). Ou seja, para esse nível de ensino, é fundamental a contextualização dos conhecimentos matemáticos. Isso amplia as possibilidades didáticas permitindo dedicar bastante tempo das aulas à resolução de problemas e ao estudo de padrões:

> [...] os estudantes devem desenvolver habilidades relativas aos **processos de investigação, de construção de modelos e de resolução de problemas**. Para tanto, eles devem mobilizar seu modo próprio de raciocinar, representar, comunicar,

> argumentar e, com base em discussões e validações conjuntas, aprender conceitos e desenvolver representações e procedimentos cada vez mais sofisticados.
>
> Assim, para o desenvolvimento de competências que envolvem raciocinar, é necessário que os estudantes possam, em interação com seus colegas e professores, investigar, explicar e justificar as soluções apresentadas para os problemas, com ênfase nos processos de argumentação matemática. Embora todos esses processos pressuponham o raciocínio matemático, em muitas situações são também mobilizadas habilidades relativas à representação e à comunicação para expressar as generalizações, bem como à construção de uma argumentação consistente para justificar o raciocínio utilizado.
>
> As competências que estão diretamente associadas a representar pressupõem a elaboração de registros para evocar um objeto matemático. [...]
>
> Nesse sentido, na Matemática, o uso dos registros de representação e das diferentes linguagens é, muitas vezes, necessário para a compreensão, a resolução e a comunicação de resultados de uma atividade. (BRASIL, 2018, p. 529).

No Ensino Médio, o estudo dos padrões aparece com mais centralidade em duas das competências específicas e segue bastante associado aos objetivos de ensino da Álgebra:

4. Compreender e utilizar, com flexibilidade e precisão, diferentes registros de representação matemáticos (algébrico, geométrico, estatístico, computacional etc.), na busca de solução e comunicação de resultados de problemas.

5. Investigar e estabelecer conjecturas a respeito de diferentes conceitos e propriedades matemáticas, empregando estratégias e recursos, como observação de padrões, experimentações e diferentes tecnologias, identificando a necessidade, ou não, de uma demonstração cada vez mais formal na validação das referidas conjecturas. (BRASIL, 2018, p. 531).

Embora seja em torno do estudo da Álgebra que a proposição dos padrões em Matemática esteja mais evidente, como já mencionado, é importante trabalhar esse aspecto também no âmbito de outras unidades temáticas. Isso permite ampliar as experiências de aprendizagem, favorece o desenvolvimento da criatividade, a capacidade de raciocínio e colabora para a construção do pensamento algébrico em estudantes. É importante criar diversificadas situações didáticas, nas quais os e as estudantes são instigados(as) a identificar padrões, completar sequências em que haja regularidade, criar padrões, estabelecer generalizações, desenvolver estratégias de registro e comunicação do pensamento matemático. Mas como é possível incluir essas atividades no cotidiano da sala de aula? Em seguida, veremos algumas possibilidades interessantes e pensadas para cada nível de ensino.

3 ETAPA DA EDUCAÇÃO INFANTIL

O trabalho na Educação Infantil tem especificidades que precisam ser aqui consideradas. A BNCC estabelece uma organização por **campos de experiência**. Sendo assim, a abordagem dos padrões, nesse nível de ensino, encontra-se dispersa nos campos e deve ser proposta em articulação com outros conhecimentos adequados à faixa etária. No que se refere, por exemplo, aos "Espaços, tempos, quantidades, relações e transformações", parte-se da compreensão de que "as crianças vivem inseridas em espaços e tempos de diferentes dimensões, em um mundo constituído de fenômenos naturais e socioculturais". (BNCC, 2018, p. 42).

Nesse sentido, nas atividades que dizem respeito às experiências com o tempo, surgem padrões para as crianças identificarem, como dia e noite, dias e finais de semana ou noções de ontem, hoje e amanhã, por exemplo:

CAMPO DE EXPERIÊNCIA: ESPAÇOS, TEMPOS, QUANTIDADES, RELAÇÕES E TRANSFORMAÇÕES.
Habilidade:
(EI02ET06) Utilizar conceitos básicos de tempo (agora, antes, durante, depois, ontem, hoje, amanhã, lento, rápido, depressa, devagar).

Além disso, nessas experiências e em muitas outras, as crianças também se deparam, frequentemente, com conhecimentos matemáticos (contagem, ordenação, relações entre quantidades, dimensões, medidas, comparação de pesos e de comprimentos, avaliação de distâncias, reconhecimento de formas geométricas, conhecimento e reconhecimento de numerais cardinais e ordinais etc.) que igualmente aguçam a curiosidade. (BNCC, 2018, p. 43).

Evidentemente, abre-se, então, ocasião para avançar nas competências que as crianças devem desenvolver com relação aos padrões em Matemática, sobretudo quanto à identificação, à possibilidade de completar e de criar sequências ou padrões que apresentam regularidades.

É importante notar que, mesmo os bebês, apresentam grande capacidade de identificar padrões. Quando diante de um tecido listrado ou com estampas regulares, tendem a demonstrar interesse, fixando o olhar com atenção. Vale a pena, portanto, apresentar, nesse grupo etário, situações em que possam ter experiência com padrões visuais. Situações em que cores e formas se alternam com regularidade, como vemos a seguir.

Padrões visuais

ETAPA DA EDUCAÇÃO INFANTIL

Com um pouco mais de idade, é possível propor que as crianças completem sequências regulares de cores (utilizando lápis de cor ou objetos coloridos) e incentivar que criem novas sequências, como as exemplificadas a seguir.

Exemplos de sequências

Não apenas as cores devem ser mobilizadas no trabalho com padrões na Educação Infantil. Ao organizar objetos (como brinquedos, utensílios de cozinha, coisas encontradas no jardim da escola, dentre outros) as crianças podem experimentar formas organizativas com padrões.

CAMPO DE EXPERIÊNCIA: ESPAÇOS, TEMPOS, QUANTIDADES, RELAÇÕES E TRANSFORMAÇÕES.
Habilidades:
(EI02ET05) Classificar objetos, considerando determinado atributo (tamanho, peso, cor, forma etc.).
(EI03ET05) Classificar objetos e figuras de acordo com suas semelhanças e diferenças.

Os blocos lógicos de Zoltan Dienes, dentre outros materiais didáticos semelhantes, são muito úteis nesse nível de ensino, pois abrem várias possibilidades de arranjos regulares diferentes: começar uma "seguidinha" que tenha uma regularidade e pedir que a criança continue, solicitar que as crianças criem "seguidinhas", levando em conta a forma, a cor, o tamanho e a espessura das peças etc.

Blocos lógicos

Shutterstock

Várias outras situações permitem uma multiplicidade de trabalhos pedagogicamente muito interessantes. É o caso das experiências com ritmos, velocidade e fluxos nas brincadeiras desenvolvidas no pátio, que permitem a percepção sensória de padrões para os bebês, como no caso do balanço.

> **CAMPO DE EXPERIÊNCIA:** ESPAÇOS, TEMPOS, QUANTIDADES, RELAÇÕES E TRANSFORMAÇÕES.
> **Habilidade:**
> (EI01ET06) Vivenciar diferentes ritmos, velocidades e fluxos nas interações e brincadeiras (em danças, balanços, escorregadores etc.).

Também as crianças bem pequenas e pequenas ganham em desenvolvimento acerca da noção de padrão nessas atividades. Para elas, no entanto, há outras atividades relevantes. É o caso daqueles que põem em destaque as relações entre objetos, quanto ao espaço ou em relação ao tempo, como já vimos.

> **CAMPO DE EXPERIÊNCIA:** ESPAÇOS, TEMPOS, QUANTIDADES, RELAÇÕES E TRANSFORMAÇÕES.
> **Habilidade:**
> (EI02ET04) Identificar relações espaciais (dentro e fora, em cima, embaixo, acima, abaixo, entre e do lado) e temporais (antes, durante e depois).

Nesse mesmo campo de experiência começam a aparecer as atividades que envolvem números para as crianças de 4 e 5 anos. No que se refere à relação entre o número e sua respectiva quantidade, já se expressa uma regularidade fundamental, mas também a identificação do número imediatamente anterior (antecessor) e imediatamente posterior (sucessor), bem como o início de práticas relacionadas à medição. Por exemplo, ao usar uma trena para medir e registrar a altura de cada criança, opera-se com a relação entre uma unidade de medida padrão e as variações que ela permite registrar.

CAMPO DE EXPERIÊNCIA: ESPAÇOS, TEMPOS, QUANTIDADES, RELAÇÕES E TRANSFORMAÇÕES.
Habilidades:
(EI03ET04) Registrar observações, manipulações e medidas, usando múltiplas linguagens (desenho, registro por números ou escrita espontânea), em diferentes suportes.
(EI03ET07) Relacionar números às suas respectivas quantidades e identificar o antes, o depois e o entre em uma sequência.
(EI03ET08) Expressar medidas (peso, altura etc.), construindo gráficos básicos.

Na Educação Infantil, é muito importante considerar que a criança aprende com o corpo todo e, desse modo, desenvolve, por meio da experiência sensória, várias noções que serão fundamentais nos níveis seguintes de escolarização, quando formalizações e raciocínios mais abstratos passam a ser exigidos. Portanto, devemos observar que há algumas possibilidades muito interessantes de trabalho com padrões também no campo de experiência "corpo, gestos e movimentos". Assim, os bebês podem ser convidados a repetir uma sequência de gestos proposta pelo professor ou pela professora ou por outro(a) colega. Por exemplo, tocando o pé, em seguida a barriga e, por fim, a cabeça para, então, recomeçar: pé, barriga, cabeça, pé, barriga, cabeça...

CAMPO DE EXPERIÊNCIA: CORPO, GESTOS E MOVIMENTOS.
Habilidade:
(EI01CG03) Imitar gestos e movimentos de outras crianças, adultos e animais.

Para as crianças bem pequenas, podemos incluir habilidades físicas um pouco mais elaboradas, como pular e correr, e incentivá-las a criar sequências de movimentos ou, ainda, propor percursos com obstáculos, em que elas tenham, digamos, que "passar por baixo" do trepa-trepa e, depois, "subir" na escada do escorregador para, em seguida, "escorregar" e, então, "saltar com um pé só" em círculos desenhados no chão. Com as crianças pequenas, as propostas se assemelham às anteriores, mas é possível aumentar a complexidade das sequências e envolvê-las, cada vez mais, na criação das tarefas.

> **CAMPO DE EXPERIÊNCIA:** CORPO, GESTOS E MOVIMENTOS.
> **Habilidades:**
> (EI02CG03) Explorar formas de deslocamento no espaço (pular, saltar, dançar), combinando movimentos e seguindo orientações.
> (EI03CG03) Criar movimentos, gestos, olhares e mímicas em brincadeiras, jogos e atividades artísticas como dança, teatro e música.

O campo de experiência "traços, sons, cores e formas" sugere o desenvolvimento de habilidades que envolvem fontes sonoras e, portanto, é possível trabalhar com padrões de ritmos musicais e canções. No caso dos bebês, a proposição é criar situações em que possam desenvolver a percepção de regularidades. Para os maiores, é possível propor que criem ritmos e sequências de sons com instrumentos musicais ou imitando o som dos animais, bem como que acompanhem diferentes ritmos de música.

> **CAMPO DE EXPERIÊNCIA:** TRAÇOS, SONS, CORES E FORMAS.
> **Habilidades:**
> (EI01TS03) Explorar diferentes fontes sonoras e materiais para acompanhar brincadeiras cantadas, canções, músicas e melodias.
> (EI02TS01) Criar sons com materiais, objetos e instrumentos musicais, para acompanhar diversos ritmos de música.

Semelhantes desafios estão presentes também no campo de experiência "escuta, fala, pensamento e imaginação", na medida em que englobam o trabalho com rimas, aliterações e diferentes estruturas literárias.

> **CAMPO DE EXPERIÊNCIA:** ESCUTA, FALA, PENSAMENTO E IMAGINAÇÃO.
> **Habilidades:**
> (EI01EF08) Participar de situações de escuta de textos em diferentes gêneros textuais (poemas, fábulas, contos, receitas, quadrinhos, anúncios etc.).
> (EI02EF02) Identificar e criar diferentes sons e reconhecer rimas e aliterações em cantigas de roda e textos poéticos.

Vamos observar, por exemplo, trechos do poema "A bailarina", de Cecília Meireles (1967), que se inicia do seguinte modo:

> Esta menina
> tão pequenina
> quer ser bailarina

A regularidade sonora ao final de cada verso permite à criança identificar um padrão. A sequência do poema cria ocasião de notar outros padrões que se associam de modo variado, mas regular:

> Não conhece nem dó nem ré,
> Mas sabe ficar na ponta do pé.
> Não conhece nem mi nem fá,
> Mas inclina o corpo para cá e para lá.
> Não conhece nem lá nem si,
> Mas fecha os olhos e sorri.

Aqui, tanto o final dos versos interessa, já que vai alterando as rimas, mas com regularidade de métrica, quanto, a estrutura de repetição a cada estrofe: "Não conhece nem... nem...". Na literatura infantil, vários livros trazem férteis proposição para o trabalho com padrões de repetição e crescimento. Por exemplo, no livro "A casa sonolenta", de Audrey Wood (1999, p. 6, 8 e 10), uma mesma estrutura se repete ("... numa cama aconchegante, numa casa sonolenta, onde todos viviam dormindo."), sendo acrescida a cada página do livro de algo que a precede ("Nessa casa tinha uma avó, uma avó roncando, numa cama aconchegante, numa casa sonolenta, onde todos viviam dormindo."), que volta a se repetir com uma pequena variação, essa também regular ("Em cima dessa avó tinha um menino, um menino sonhando, em cima de uma avó roncando, numa cama aconchegante, numa casa sonolenta, onde todos viviam dormindo.").

4 ETAPA DO ENSINO FUNDAMENTAL – ANOS INICIAIS

Para os anos iniciais do Ensino Fundamental, a BNCC inclui a unidade temática Álgebra em todos os anos de escolaridade, indicando o objetivo de desenvolvimento de habilidades específicas relacionadas à identificação e à descrição de regularidades e padrões em sequências numéricas e figurais. Também as propriedades da igualdade estão previstas nessa etapa. Como vimos, a construção do pensamento algébrico deve ser contínua e trabalhada desde o primeiro ano. A identificação de padrões, embora possa parecer algo evidente e automático, na verdade, deve ser foco de proposições didáticas específicas que apresentem diversidade e aumento progressivo dos desafios cognitivos. As e os estudantes devem ser capazes de reconhecer, continuar e identificar as partes que constituem o padrão. Isso pode ser bastante simples, em alguns casos, mas também se tornar um desafio bastante mais considerável em outras circunstâncias. Nas sequências a seguir, em geral, as e os estudantes não costumam ter dificuldade de identificar intuitivamente que a alternância de cores segue um padrão e costumam ser hábeis em continuar intercalando as cores adequadamente.

Nessa fase da escolaridade, as crianças tendem a identificar cada cor como uma unidade do padrão. Mas, de modo geral, ainda encontram dificuldade em identificar que, juntas, as cores vermelho-amarelo, na primeira sequência, e verde-azul-vermelho, na segunda sequência, compõem uma unidade desses padrões. Além disso, temos que considerar que, entre ser capaz de realizar um raciocínio e conseguir explicar o raciocínio feito, há vários passos a dar, ou seja, muitas vezes, as crianças um pouco mais velhas são capazes de dizer o número que falta na sequência abaixo, mas consideram muito desafiador explicar como chegaram ao resultado.

						26
					20	
				?		
			11			
		8				
	6					
5						

Para o primeiro ano do Ensino Fundamental, a BNCC apresenta dois objetos do conhecimento explicitamente vinculados ao trabalho pedagógico com padrões.

UNIDADE TEMÁTICA: ÁLGEBRA
Objeto de conhecimento:
Padrões figurais e numéricos: investigação de regularidades ou padrões em sequências.

> **Habilidade:**
> (EF01MA09) Organizar e ordenar objetos familiares ou representações por figuras, por meio de atributos, tais como cor, forma e medida.
> **Objeto de conhecimento:**
> Sequência recursiva: observação de regras usadas utilizadas em seriações numéricas (mais 1, mais 2, menos 2, por exemplo).
> **Habilidade:**
> (EF01MA10) Descrever, após o reconhecimento e a explicitação de um padrão (ou regularidade), os elementos ausentes em sequências recursivas de números naturais, objetos ou figuras.

Vale a pena observar que, nesse caso, são crianças em processo de transição entre a Educação Infantil e o Ensino Fundamental, que ainda não sabem ler e escrever ou estão em processo de consolidação da alfabetização. Desse modo, é interessante que as proposições de organizar e ordenar possam, sempre que possível, ser realizadas com objetos concretos, como brinquedos e blocos lógicos. Aos poucos, no entanto, devemos propor desafios em que a investigação das regularidades seja feita com representações registradas na forma de desenhos e com números. No caso da identificação de sequências recursivas, nessa fase o importante é promover efetivamente a capacidade de identificar, de modo que o(a) professor(a) pode pedir que a criança expresse oralmente, com suas próprias palavras, qual é a regra que percebeu (por exemplo, "sempre tem um a mais"). Outra atividade que podemos propor é que a criança diga que elemento está ausente em uma sequência regular. Seguem sugestões de atividades adequadas ao primeiro ano do ensino fundamental.

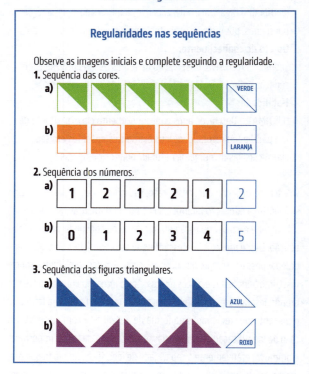

Outras unidades temáticas também permitem trabalhar com padrões e regularidades, mesmo que isso não esteja explicitamente indicado na BNCC. Apenas como modelo, observemos a habilidade "(EF01MA06) Construir fatos básicos da adição e utilizá-los em procedimentos de cálculo para resolver problemas" (BRASIL, 2018, p. 279), que está na unidade temática "Números". Nesse caso, ao mesmo tempo em que se trabalha os fatos básicos da adição, também temos oportunidade de trazer elementos que permitem avançar o raciocínio sobre as regularidades.

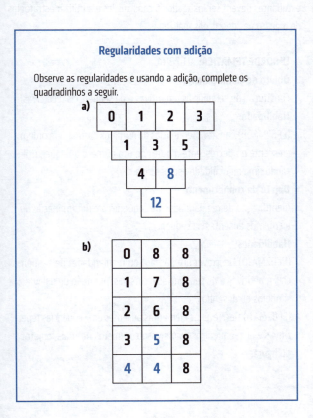

No segundo ano, a proposição é seguir com a identificação e construção de padrões em atividades similares às trabalhadas no ano anterior. Aqui, no entanto, para além de identificar e descrever as sequências, os estudantes devem ser instigados a construí-las e a utilizar estratégias de registro nas descrições realizadas.

UNIDADE TEMÁTICA: ÁLGEBRA.
Objeto de conhecimento:
Construção de sequências repetitivas e de sequências recursivas.
Habilidade:
(EF02MA09) Construir sequências de números naturais em ordem crescente ou decrescente a partir de um número qualquer, utilizando uma regularidade estabelecida.
Objeto de conhecimento:
Identificação de regularidades de sequências e determinação de elementos ausentes na sequência
Habilidades:
(EF02MA10) Descrever um padrão (ou regularidade) de sequências repetitivas e de sequências recursivas, por meio de palavras, símbolos ou desenhos.
(EF02MA11) Descrever os elementos ausentes em sequências repetitivas e em sequências recursivas de números naturais, objetos ou figuras.

Como no primeiro ano, as possibilidades da abordagem dos padrões não se esgotam na unidade temática "Álgebra". Assim, em "Números", podemos considerar as habilidades seguintes.

> **UNIDADE TEMÁTICA:** NÚMEROS
> **Objeto de conhecimento:**
> Composição e decomposição de números naturais (até 1 000).
> **Habilidade:**
> (EF02MA04) Compor e decompor números naturais de até três ordens, com suporte de material manipulável, por meio de diferentes adições.
> **Objeto de conhecimento:**
> Problemas envolvendo significados de dobro, metade, triplo e terça parte.
> **Habilidade:**
> (EF02MA08) Resolver e elaborar problemas envolvendo dobro, metade, triplo e terça parte, com o suporte de imagens ou material manipulável, utilizando estratégias pessoais.

Associando com habilidades específicas de álgebra, é possível propor atividades como a exemplificada a seguir.

Regularidades nas sequências numéricas

1. Descubra uma regularidade na sequência e complete os termos que faltam, de acordo com ela.

a) 40 , 34 , 28 , 22 , 16 e 10

b) 5 , 10 , 20 , 40 , 80 e 160

2. Construa a sequência de acordo com o padrão descrito.
- Ela tem 6 termos.
- O 1º termo é 1 e o 2º termo é 2.
- A partir do 3º, cada termo é a soma dos dois termos anteriores.

1 , 2 , 3 , 5 , 8 e 11

3. Descubra uma regularidade na sequência a seguir.

81 , 27 , 9 , 3 e 1

A sequência tem 5 termos. O 1º termo é 81. Certamente, a partir do 2º, o termo é a terça parte do termo imediatamente anterior.

Outro exemplo pode ser obtido na unidade temática "grandezas e medidas".

UNIDADE TEMÁTICA: GRANDEZAS E MEDIDAS

Objeto de conhecimento:

Medir a duração de um intervalo de tempo por meio de relógio digital e registrar

o horário do início e do fim do intervalo.

Habilidade:

(EF02MA19) Medir a duração de um intervalo de tempo por meio de relógio digital e registrar o horário do início e do fim do intervalo.

Vejamos a proposta de atividade a seguir.

Regularidades nos horários de eventos

Em cada linha do esquema abaixo, temos o início, o intervalo e o término dos eventos.
Descubra as regularidades nas três colunas e completo os horários que faltam.

INÍCIO	DURAÇÃO	TÉRMINO
12h	15min	2h15min
13h10min	20min	13h30min
14h20min	30min	16h
15h30min	20min	13h30min
16h40min	35min	17h15min
17h50min	40min	18h30min
19h	45min	19h45min
20h10min	50min	21h

Complete:
• O início se dá a cada _1_ h e _10_ min.
• Duração aumenta de _5_ em _5_ minutos.
• O término se dá a cada _1_ em _15_ min.

Para o terceiro ano do ensino fundamental, as proposições se assemelham às dos anos anteriores, acrescentando, contudo, um pouco mais de complexidade.

UNIDADE TEMÁTICA: ÁLGEBRA
Objeto de conhecimento:
Identificação e descrição de regularidade em sequências recursivas
Habilidade:
(EF03MA10) Identificar regularidades em sequências ordenadas de números naturais, resultantes da realização de adições e subtrações sucessivas, por um mesmo número, descrever uma regra de formação da sequência e determinar elementos faltantes ou seguintes.

Como sugestão de atividade para o trabalho com essa habilidade, temos algumas opções:

Regularidades em sequências de números naturais

Em cada sequência é dado o 1º termo.
Complete com os demais termos de acordo com a informação dada.

- Cada termo, a partir do 2º, é o dobro do termo imediatamente anterior.

    7, 14, 28, 56, 112 e 224

- Cada termo, a partir do 2º, é o triplo do termo imediatamente anterior.

    10, 30, 90, 270, 810 e 2 430

- Cada termo, a partir do 2º, é a metade do termo imediatamente anterior.

    800, 400, 200, 100, 50 e 25

- Cada termo, a partir do 2º, é a terça parte do termo imediatamente anterior.

    729, 243, 81, 27, 9 e 3

No terceiro ano, a "relação de igualdade" é proposta como um novo objeto do conhecimento:

> **UNIDADE TEMÁTICA:** ÁLGEBRA
> **Objeto de conhecimento:**
> Identificação de regularidade de sequências e determinação de elementos ausentes na sequência.
> **Habilidade**:
> (EF02MA11) Descrever os elementos ausentes em sequências repetitivas e em sequências recursivas de números naturais, objetos ou figuras.

Mais uma vez, evidentemente, é possível explorar as noções de padrão e regularidade também em outras unidades temáticas. Como no caso da seguinte habilidade, inserida na unidade temática "Números", que permite a proposição de vários tipos de atividade que envolvam padrões numéricos.

> **UNIDADE TEMÁTICA:** NÚMEROS
> **Objeto de conhecimento:**
> Leitura, escrita, comparação e ordenação de números de até três ordens pela compreensão de características do sistema de numeração decimal (valor posicional e papel do zero).
> **Habilidade:**
> (EF02MA03) Comparar quantidades de objetos de dois conjuntos, por estimativa e/ou por correspondência (um a um, dois a dois, entre outros), para indicar "tem mais", "tem menos" ou "tem a mesma quantidade", indicando, quando for o caso, quantos a mais e quantos a menos.

Ou, ainda, no que se refere ao objeto do conhecimento "Congruência de figuras geométricas planas":

> **UNIDADE TEMÁTICA:** GEOMETRIA
> **Objeto de conhecimento:**
> Congruência de figuras geométricas planas
> **Habilidade:**
> (EF03MA16) Reconhecer figuras congruentes, usando sobreposição e desenhos em malhas quadriculadas ou triangulares, incluindo o uso de tecnologias digitais.

Aqui vale a pena ressaltar que o trabalho com recursos como a malha quadriculada abre uma infinidade de novas possibilidades.

No quarto ano, são quatro os objetos do conhecimento em que está indicado explicitamente como objetivo o desenvolvimento de habilidades que envolvem as noções de regularidade e igualdade.

> **UNIDADE TEMÁTICA:** ÁLGEBRA
> **Objeto de conhecimento:**
> Sequências numéricas recursivas formadas por múltiplos de um número natural.
> **Habilidade:**
> (EF04MA11) Identificar regularidades em sequências numéricas compostas por múltiplos de um número natural.

Objeto de conhecimento:
Sequência numérica recursiva formada por números que deixam o mesmo resto ao ser divididos por um mesmo número natural diferente de zero.

Habilidade:
(EF04MA12) Reconhecer, por meio de investigações, que há grupos de números naturais para os quais as divisões por um determinado número resultam em restos iguais, identificando regularidades.

Objeto de conhecimento:
Propriedades da igualdade.

Habilidades:
(EF04MA14) Reconhecer e mostrar, por meio de exemplos, que a relação de igualdade existente entre dois termos permanece quando se adiciona ou se subtrai um mesmo número a cada um desses termos.

(EF04MA15) Determinar o número desconhecido que torna verdadeira uma igualdade que envolve operações fundamentais com números naturais.

A novidade aqui é que, além da adição e subtração, passam a ser sugeridos desafios que envolvem cálculo multiplicativo ou divisões, como podemos notar nas atividades seguintes.

Adição

Regularidades no "quadrado mágico" e na "pirâmide de multiplicação".

1. No "quadrado mágico, em cada linha, coluna ou diagonal, a soma dos números deve ser a mesma (soma mágica).

Veja o exemplo e complete o outro "quadrado mágico".

Soma mágica: 15

2	9	4
7	5	3
6	1	8

Soma mágica: 34

13	8	12	1
2	11	7	14
3	10	6	15
16	5	9	4

2. Na "pirâmide da multiplicação", o produto de dois números vizinhos, em uma mesma linha, aparece acima deles, na linha acima.

Veja o exemplo e complete a outra "pirâmide da multiplicação".

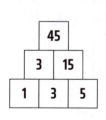
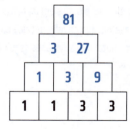

Regularidades no "quadrado mágico" e na "pirâmide de multiplicação".

1. Em cada item, complete os 3 exemplos dados, crie mais 3 e complete a conclusão com "número par" ou "número ímpar".

a) Número par + número par

$\quad$ 8 + 2 = <u>10</u> $\quad\quad$ 20 + 34 = <u>54</u> $\quad\quad$ 0 + 16 = <u>16</u>
$\quad$ __+__=__ $\quad\quad$ __+__=__ $\quad\quad$ __+__=__

Exemplos pessoais.

> Conclusão: A adição de 2 números pares dá sempre um <u>número par</u>

b) Número ímpar + número ímpar

$\quad$ 9 + 5 = <u>14</u> $\quad\quad$ 17 + 7 = <u>24</u> $\quad\quad$ 149 + 99 = <u>248</u>
$\quad$ __+__=__ $\quad\quad$ __+__=__ $\quad\quad$ __+__=__

Exemplos pessoais.

> Conclusão: A adição de 2 números ímpares dá sempre um <u>número par</u>

c) Número par + número ímpar

$\quad$ 6 + 3 = <u>9</u> $\quad\quad$ 21 + 10 = <u>31</u> $\quad\quad$ 423 + 1000 = <u>1423</u>
$\quad$ __+__=__ $\quad\quad$ __+__=__ $\quad\quad$ __+__=__

Exemplos pessoais.

> Conclusão: Número par + número ímpar dá <u>número ímpar</u>

Multiplicação

Regularidades na multiplicação de 2 números naturais de qualquer ordem

Em cada item, complete os 3 exemplos dados, crie mais 3 e complete a conclusão com "número par" ou "número ímpar".

a) Número par × número par

$6 \times 2 = \underline{12}$ $10 \times 4 = \underline{40}$ $8 \times 36 = \underline{288}$

_×_=_   _×_=_   _×_=_

Exemplos pessoais.

> Conclusão: Número par × número par dá <u>número par</u>

b) Número ímpar × número ímpar

$3 \times 9 = \underline{27}$ $45 \times 11 = \underline{495}$ $1 \times 97 = \underline{97}$

_×_=_   _×_=_   _×_=_

Exemplos pessoais.

> Conclusão: Número ímpar × número ímpar dá <u>número ímpar</u>

c) Número par × número ímpar

$2 \times 9 = \underline{18}$ $6 \times 11 = \underline{66}$ $5 \times 100 = \underline{500}$

_×_=_   _×_=_   _×_=_

Exemplos pessoais.

> Conclusão: Número par × número ímpar dá <u>número par</u>

No domínio da Geometria, aparece pela primeira vez a noção de simetria, permitindo às crianças novas descobertas em relação a padrões figurativos.

> **UNIDADE TEMÁTICA:** GEOMETRIA
> **Objeto de conhecimento:**
> Simetria de reflexão.
> **Habilidade:**
> (EF04MA19) Reconhecer simetria de reflexão em figuras e em pares de figuras geométricas planas e utilizá-la na construção de figuras congruentes, com o uso de malhas quadriculadas e de *softwares* de geometria.

No quinto ano do ensino fundamental, os(as) estudantes podem ser cada vez mais desafiados a mobilizar de modo articulado os conhecimentos matemáticos que foram adquirindo nos anos precedentes. Assim, é possível fazer proposições em que associem, por exemplo, suas habilidades com adição e conhecimentos sobre sistema monetário ou os saberes em torno de medidas de tempo ou distância em sugestões de sequências regulares com maior grau de complexidade.

Regularidades na elaboração de sequências

Elabore as sequências com base nas informações dadas.

1. Sequência com Números naturais.

O 1º termo é 25. A partir do 2º, cada termo é o dobro do imediatamente anterior.

25 , 50 , 100 , 200 , 400 , ...

2. Sequência com frações irredutíveis e números inteiros.

O 1º termo é ⅖. A partir do 2º, cada termo vale ⅗ a mais que o termo imediatamente anterior.

$\frac{2}{5}$, 1 , $1\frac{3}{5}$, $2\frac{1}{5}$, $2\frac{2}{5}$, ...

3. Sequência de 6 termos com números decimais.

O 1º termo é 23,2. A partir do 2º, vale 1,5 a menos que o termo imediatamente anterior.

23,2 , 21,7 , 20,2 , 18,7 , 17,2 e 15,7

4. Sequências com medidas.

a) Medida de tempo

O 1º termo é 1h20min. Cada termo a partir do 2º, vale 15min a mais que o termo imediatamente anterior.

1h20min , 1h35min , 1h50min , 2h05min , 2h20min , 2h35min , ...

b) Medida de comprimento

O 1º termo é 1m e 30 cm, o 2º termo é 2 m e 70 cm. Cada termo a partir do 3º, é igual à soma dois termos imediatamente anteriores.

1 m e 30 cm , 2 m e 70 cm , 4 m , 6 m e 70 cm , 10 m e 70 cm , ...

5. Sequências usando porcentagem.

a) O 1º termo é 1 000. Cada termo a partir do 2º, vale 10% do termo imediatamente anterior.

1000 , 100 , 10 , 1 , 0,1 , ...

b) O 1º termo é 1 000. Cada termo a partir do 2º, vale o imediatamente anterior mais 10%.

1000 , 1100 , 1210 , 1331 , 1464,1 , ...

1 000 + 100; 1 100 + 110; 1 210 + 121; 1 331 + 133,1

Em Álgebra, apresenta-se como novidade a noção de proporção, o que nos permite mais um conjunto instigante de alternativas de trabalho com padrões em Matemática. São as habilidades seguintes a serem desenvolvidas nesse domínio no quinto ano.

UNIDADE TEMÁTICA: ÁLGEBRA
Objeto de conhecimento:
Propriedades da igualdade e noção de equivalência.
Habilidades:
(EF05MA10) Concluir, por meio de investigações, que a relação de igualdade existente entre dois membros permanece ao adicionar, subtrair, multiplicar ou dividir cada um desses membros por um mesmo número, para construir a noção de equivalência.
(EF05MA11) Resolver e elaborar problemas cuja conversão em sentença matemática seja uma igualdade com uma operação em que um dos termos é desconhecido.
Objetos de conhecimento:
Grandezas diretamente proporcionais.
Problemas envolvendo a partição de um todo em duas partes proporcionais.
Habilidades:
(EF05MA12) Resolver problemas que envolvam variação de proporcionalidade direta entre duas grandezas, para associar a quantidade de um produto ao valor a pagar, alterar as quantidades de ingredientes de receitas, ampliar ou reduzir escala em mapas, entre outros.
(EF05MA13) Resolver problemas envolvendo a partilha de uma quantidade em duas partes desiguais, tais como dividir uma quantidade em duas partes, de modo que uma seja o dobro da outra, com compreensão da ideia de razão entre as partes e delas com o todo.

Em Geometria, como nos anos anteriores, há também aqui grande potencial para o trabalho com padrões. Assim, por exemplo, as atividades que pedem a estudantes que ampliem ou reduzam figuras geométricas usando a malha quadriculada podem ser bem exploradas, demandando, não apenas que eles realizem as ampliações e reduções, mas que discutam as várias possibilidades, criem argumentos, expressem ideias matemáticas.

UNIDADE TEMÁTICA: GEOMETRIA
Objeto de conhecimento:
Ampliação e redução de figuras poligonais em malhas quadriculadas: reconhecimento da congruência dos ângulos e da proporcionalidade dos lados correspondentes.
Habilidade:
(EF05MA18) Reconhecer a congruência dos ângulos e a proporcionalidade entre os lados correspondentes de figuras poligonais em situações de ampliação e de redução em malhas quadriculadas e usando tecnologias digitais.

Também no que se refere à:

UNIDADE TEMÁTICA: GEOMETRIA
Objeto de conhecimento:
Plano cartesiano: coordenadas cartesianas (1º quadrante) e representação de deslocamentos no plano cartesiano.
Habilidade:
(EF05MA15) Interpretar, descrever e representar a localização ou movimentação de objetos no plano cartesiano (1º quadrante), utilizando coordenadas cartesianas, indicando mudanças de direção e de sentido e giros.

ETAPA DO ENSINO FUNDAMENTAL – ANOS INICIAIS

A malha quadriculada pode ser um grande aliado, como podemos ver nas atividades propostas a seguir.

Regularidades em sequências de pontos no plano cartesiano

Observe o 1º par ordenado, e complete os demais de acordo com o indicado em cada sequência.

Sequência A
Cada par ordenado tem 1 no primeiro número e partir do segundo par ordenado, o 2º número aumenta sempre 1 em relação ao par imediatamente anterior.

$$(1, 1); (\underline{1}, \underline{2}); (\underline{1}, \underline{3}); (\underline{1}, \underline{4}); (\underline{1}, \underline{5}) \text{ e } (\underline{1}, \underline{6})$$

Sequência B
Cada par ordenado tem 1 no segundo número e partir do segundo par ordenado, o 1º número aumenta sempre 1 em relação ao par imediatamente anterior.

$$(1, 1); (\underline{2}, \underline{1}); (\underline{3}, \underline{1}); (\underline{4}, \underline{1}); (\underline{5}, \underline{1}) \text{ e } (\underline{6}, \underline{1})$$

Sequência C
Cada par ordenado, partir do segundo, aumenta sempre 1 no 1º e no 2º número, em relação ao par ordenado imediatamente anterior.

$$(1, 1); (\underline{2}, \underline{2}); (\underline{3}, \underline{3}); (\underline{4}, \underline{4}); (\underline{5}, \underline{5}) \text{ e } (\underline{6}, \underline{6})$$

Sequência D
Cada par ordenado, partir do segundo, aumenta sempre 1 no 1º número e diminui 1 no 2º número, em relação ao par ordenado imediatamente anterior.

$$(0, 6); (\underline{1}, \underline{5}); (\underline{2}, \underline{4}); (\underline{3}, \underline{3}); (\underline{4}, \underline{2}) \text{ e } (\underline{5}, \underline{1})$$

Agora, localize no plano cartesiano, os pontos correspondentes aos pares ordenados de cada sequência.

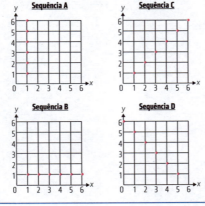

5 ETAPA DO ENSINO FUNDAMENTAL – ANOS FINAIS

Para os Anos Finais do Ensino Fundamental, a BNCC enfatiza a importância de dar seguimento àquilo que já foi trabalhado nos Anos Iniciais, garantindo-se o aprofundamento e a ampliação de cada tema. Assim, continua central o compromisso com o letramento matemático, de modo a permitir que os e as estudantes não apenas internalizem determinados procedimentos matemáticos, mas que sejam capazes de raciocinar, representar, comunicar e argumentar matematicamente. Desse modo, algumas das proposições didáticas apresentadas na seção precedente são úteis também aqui, para essa etapa de escolaridade, sendo necessários, evidentemente, alguns ajustes, de modo a manter-se o nível de desafio condizente com a idade e com o maior acúmulo de conhecimentos adquiridos de um ano a outro. Nessa etapa, espera-se que a capacidade de representar e comunicar raciocínios matemáticos se amplie e que os(as) estudante aprendam recursos de formalização progressivamente mais sofisticados e em linguagem matemática. Outro ponto importante é abrir espaço nas aulas para a contextualização dos saberes, o que remete diretamente ao trabalho em torno da resolução de problemas que, por sua vez, dialoga com padrões e regularidades. A seguir vamos destacar, para cada ano, alguns tópicos que apresentam maior abertura para o tratamento do tema aqui em questão, acompanhados de exemplos que podem servir de inspiração para que se criem proposições adequadas às aulas.

No sexto ano, é bastante evidente na BNCC o intuito de articulação com as aprendizagens realizadas nos anos anteriores. Vale lembrar que a transição entre as duas etapas do Ensino Fundamental exige uma atenção especial no sentido de favorecer a adaptação às características específicas dos Anos Finais. Sobretudo, destaca-se o fato de cada componente curricular ser ministrado por um(a) professor(a) diferente e a feição mais formalizada no domínio e comunicação dos conteúdos, o que todas as áreas de conhecimento passam a exigir de estudantes nessa etapa. Assim o trabalho com padrões pode ser um modo interessante de dar lugar ao diálogo em sala de aula e à diversidade de modos de raciocinar, atribuindo a esses e essas estudantes maior protagonismo no processo de transição.

Como já foi argumentado, todas as unidades temáticas permitem abordar o estudo dos padrões em Matemática, embora seja em álgebra que a menção aos padrões e às regularidades apareça mais explicitamente na BNCC. Em "Números", vejamos, é possível propor atividades que mobilizem as noções de múltiplos e divisores e favorecendo aos estudantes a identificação, a descrição e a representação de padrões.

UNIDADE TEMÁTICA: NÚMEROS
Objetos de conhecimento:
Fluxograma para determinar a paridade de um número natural.
Múltiplos e divisores de um número natural.
Números primos e compostos.
Habilidade:
(EF06MA05) Classificar números naturais em primos e compostos, estabelecer relações entre números, expressas pelos termos "é múltiplo de", "é divisor de", "é fator de", e estabelecer, por meio de investigações, critérios de divisibilidade por 2, 3, 4, 5, 6, 8, 9, 10, 100 e 1 000.

Observe o seguinte exemplo de atividade relacionada a essa habilidade.

Complete mais um ciclo nos exemplos seguintes

2 ÷ 2 = 1; resto 0	3 ÷ 3 = 1; resto 0	4 ÷ 4 = 1, resto 0
3 ÷ 2 = 1; resto 1	4 ÷ 3 = 1; resto 1	5 ÷ 4 = 1; resto 1
4 ÷ 2 = 2; resto 0	5 ÷ 3 = 1; resto 2	6 ÷ 4 = 1; resto 2
5 ÷ 2 = 2; resto 1	6 ÷ 3 = 2; resto 0	7 ÷ 4 = 1; resto 3
6 ÷ 2 = 3; resto 0	7 ÷ 3 = 2; resto 1	8 ÷ 4 = 2; resto 0
7 ÷ 2 = 3; resto 1	8 ÷ 3 = 2; resto 2	9 ÷ 4 = 2; resto 1
8 ÷ 2 = 4; resto 0	9 ÷ 3 = 3; resto 0	10 ÷ 4 = 2; resto 2
9 ÷ 2 = 4; resto 1	10 ÷ 3 = 3; resto 1	11 ÷ 4 = 2; resto 3
10 ÷ 2 = 5; resto 0	11 ÷ 3 = 2; resto 2	12 ÷ 4 = 3; resto 0
11 ÷ 2 = 5; resto 1	12 ÷ 3 = 4; resto 0	13 ÷ 4 = 3; resto 1
12 ÷ 2 = 6; resto 0	13 ÷ 3 = 4; resto 1	14 ÷ 4 = 3; resto 2
13 ÷ 2 = 6; resto 1	14 ÷ 3 = 4; resto 2	15 ÷ 4 = 3; resto 3
14 ÷ 2 = 7; resto 0	15 ÷ 3 = 5; resto 0	16 ÷ 4 = 4; resto 0

Crie um ciclo para o resto na divisão por 5, por 6 e por 7

5 ÷ 5 = 1; resto 0	6 ÷ 6 = 1; resto 0	7 ÷ 7 = 1, resto 0
6 ÷ 5 = 1; resto 1	7 ÷ 6 = 1; resto 1	8 ÷ 7 = 1; resto 1
7 ÷ 5 = 1; resto 2	8 ÷ 6 = 1; resto 2	9 ÷ 7 = 1; resto 2
8 ÷ 5 = 1; resto 3	9 ÷ 6 = 1; resto 0	10 ÷ 7 = 1; resto 3
9 ÷ 5 = 1; resto 4	10 ÷ 6 = 1; resto 1	11 ÷ 7 = 1; resto 4
10 ÷ 5 = 2; resto 0	11 ÷ 6 = 1; resto 2	12 ÷ 7 = 1; resto 5
	12 ÷ 6 = 2; resto 0	13 ÷ 7 = 1; resto 6
		14 ÷ 7 = 2; resto 0

Ainda em "Números", a potenciação e a radiciação se agregam às operações fundamentais da Matemática aprendidas nos anos anteriores.

UNIDADE TEMÁTICA: NÚMEROS
Objetos de conhecimento:
Operações (adição, subtração, multiplicação, divisão e potenciação) com números racionais.
Habilidade:
(EF06MA11) Resolver e elaborar problemas com números racionais positivos na representação decimal, envolvendo as quatro operações fundamentais e a potenciação, por meio de estratégias diversas, utilizando estimativas e arredondamentos para verificar a razoabilidade de respostas, com e sem uso de calculadora.

Tais temas admitem várias explorações matemáticas:

Regularidades na potenciação de base 10

1. Com número natural no expoente
a) Observe os exemplos e descubra a regularidade.

- $10^2 = 10 \times 10 = 1\underline{00}$,
  dois zeros

- $10^3 = 10 \times 10 \times 10 = 1\,\underline{000}$,
  três zeros

- $10^4 = 10 \times 10 \times 10 \times 10 = 1\underline{0\,000}$,
  quatro zeros

Complete para descrever a regularidade.
Em uma potenciação de base 10, com número natural no expoente, o resultado é sempre o número natural formado pelo <u>1</u>, seguido por tantos <u>zeros</u> quanto indicar o número do <u>expoente</u>.
Em linguagem matemática: Se n $\in \mathbb{N}$, então, $10^n = 1\underline{0000...0}$
$\phantom{Em linguagem matemática: Se n \in \mathbb{N}, então, 10^n = 1}$<u>n</u> zeros

b) Use a regularidade descoberta e complete com o resultado em potência de base 10.
- $10^5 = 1\underline{00\,000}$
- $10^1 = 1\underline{0}$
- $10^9 = 1\,\underline{000\,000\,000}$
- $\underline{10}^6 = 1\,000\,000$
- $\underline{10}^0 = 1$
- $\underline{10}^4 = 10\,000$

Há ainda pouco destaque dado à Álgebra na BNCC, tendo apenas duas habilidades mencionadas. Seu tratamento se assemelha ao trabalho indicado nos Anos Iniciais, ou seja, garantindo-se ocasião para o desenvolvimento do pensamento algébrico, mas ainda sem formalização matemática. Um exemplo pode ser observado em:

> **UNIDADE TEMÁTICA:** ÁLGEBRA
> **Objetos de conhecimento:**
> Propriedades da igualdade.
> **Habilidade:**
> (EF06MA14) Reconhecer que a relação de igualdade matemática não se altera ao adicionar, subtrair, multiplicar ou dividir os seus dois membros por um mesmo número e utilizar essa noção para determinar valores desconhecidos na resolução de problemas.

Uma sugestão de atividade pode ser contemplada a seguir.

Veja o exemplo e utilize esse mesmo raciocínio para descobrir o valor que satisfaz a igualdade nos casos propostos.

| $8 = 2 + 6$ $8 + 3 = 2 + 6 + 3$ | $\square - 2 = 10$ $\square - 2 + 2 = 10 + 2$ $\square = 12$ | $\square\square + 6 = 9 - \square$ $\square\square + \square + 6 - 6 = 9 - \square + \square - 6$ $\square\square\square \times \frac{1}{3} = 9 \times \frac{1}{3}$ $\square = 1$ |

1) $\square\square\square + 5 = 11$
2) $\square\square\square\square - 4 = 26 - \square$

Em "Geometria", o estudo de prismas e pirâmides sugere apresentar aos e às estudantes as possibilidades de exploração quanto às relações entre seus elementos (vértices, faces e arestas).

> **UNIDADE TEMÁTICA:** GEOMETRIA
> **Objetos de conhecimento:**
> Prismas e pirâmides: planificações e relações entre seus elementos (vértices, faces e arestas).
> **Habilidade:**
> (EF06MA17) Quantificar e estabelecer relações entre o número de vértices, faces e arestas de prismas e pirâmides, em função do seu polígono da base, para resolver problemas e desenvolver a percepção espacial.

Isso pode ser desenvolvido em proposições como as que seguem.

Regularidades nos prismas

Observe os prismas desenhados abaixo, cada um indicado por uma letra.

A
Prisma de base triangular.

B
Prisma de base retangular.

C
Prisma de base pentagonal.

D
Prisma de base hexagonal.

a) Complete o quadro a seguir, para descobrir regularidades nos prismas, quando o número de lados do polígono da base aumenta de 1 em 1.

Prisma	A	B	C	D
Número de lados do polígono das bases	3	4	5	6
Número de faces	5	6	7	8
Número de vértices	6	8	10	12
Número de arestas	9	12	15	18

b) Agora, complete as lacunas para descrever as regularidades nos prismas.

Quando o número de lados do polígono da base aumenta de 1 em 1 (3, 4, 5 e 6), o número de <u>faces</u> também aumenta de 1 em 1 (<u>5, 6, 7 e 8</u>), o número de <u>vértices</u> aumenta de <u>2</u> em <u>2</u> (<u>6, 8, 10 e 12</u>) e o número de <u>arestas</u> aumenta de <u>3</u> em <u>3</u> (<u>9, 12, 15 e 18</u>)

c) Complete:
Considerando as regularidades verificadas, o próximo prisma da sequência, tem polígono da base com <u>7</u> lados. Esse prisma tem <u>9</u> faces, <u>14</u> vértices e <u>21</u> arestas.

d) Agora complete a figura do prisma citado no item anterior e confira o número de lados do polígamo das bases, das faces, dos vértices e das arestas. Ao final, pinte a figura que você completou.

Prisma de base <u>heptagonal</u>

Ainda em "Geometria", o trabalho com ampliação e redução de figuras planas em malhas quadriculadas retoma e aprofunda atividades com as quais os estudantes já tiveram contato nos anos precedentes e mobiliza novamente a malha quadriculada, um recurso profícuo para o trabalho com padrões.

> **UNIDADE TEMÁTICA:** GEOMETRIA
> **Objetos de conhecimento:**
> Construção de figuras semelhantes: ampliação e redução de figuras planas em malhas quadriculadas.
> **Habilidade:**
> (EF06MA21) Construir figuras planas semelhantes em situações de ampliação e de redução, com o uso de malhas quadriculadas, plano cartesiano ou tecnologias digitais.

No sétimo ano, em "Números", aparece mais uma vez ocasião para o trabalho com as noções de múltiplo e divisor, para o qual já apresentamos algumas ideias de atividade que podem ser retomadas e adaptadas aqui, de modo a permitir a exploração de variadas estratégias de raciocínio.

> **UNIDADE TEMÁTICA:** NÚMEROS
> **Objetos de conhecimento:**
> Múltiplos e divisores de um número natural.
> **Habilidade:**
> (EF07MA01) Resolver e elaborar problemas com números naturais, envolvendo as noções de divisor e de múltiplo, podendo incluir máximo divisor comum ou mínimo múltiplo comum, por meio de estratégias diversas, sem a aplicação de algoritmos.

Algo novo para as e os estudantes nesse momento pode ser o trabalho com números inteiros na reta numérica e as operações que passam a abarcar também os números negativos. A própria reta numérica permite algumas propostas que põem em destaque a noção de padrão. Além disso, as aprendizagens previstas nesse sentido abrem a possibilidade de ampliar a complexidade em proposições semelhantes às já sugeridas para o sexto ano, como no exemplo que segue.

Regularidades com número inteiro negativo no expoente

Observe os exemplos e descubra a regularidade.

- $10^{-3} = \dfrac{1}{10^3} = \dfrac{1}{1000} = 0{,}001$ (três zeros)
- $10^{-2} = \dfrac{1}{10^2} = \dfrac{1}{100} = 0{,}01$ (dois zeros)
- $10^{-5} = \dfrac{1}{10^5} = \dfrac{1}{100000} = 0{,}00001$ (cinco zeros)
- $10^{-6} = \dfrac{1}{10^6} = \dfrac{1}{1000000} = 0{,}000001$ (seis zeros)

Agora, use a regularidade e complete com o resultado na forma de número decimal, ou com a potência de base 10.

- $10^{-4} = \underline{0{,}0001}$
- $\underline{10^{-7}} = 0{,}0000001$
- $10^{-1} = \underline{0{,}1}$
- $\underline{10^{-8}} = 0{,}00000001$
- $10^{-9} = \underline{0{,}000000001}$
- $\underline{10^{-10}} = 0{,}0000000001$

A partir do sétimo ano, a unidade temática "Álgebra" passa a ter mais habilidades que se espera que os e as estudantes desenvolvam. Assim, grande centralidade assume a noção de padrão com demandas mais elaboradas, tanto no que se refere às habilidades de identificação e descrição, quanto de formulação, representação e comunicação. Interessante observar que, embora se espere cada vez mais a matematização no trabalho com padrões, não se deve abandonar, nas aulas de Matemática, a investigação de padrões em outros domínios.

ETAPA DO ENSINO FUNDAMENTAL – ANOS FINAIS

UNIDADE TEMÁTICA: ÁLGEBRA
Objetos de conhecimento:
Linguagem algébrica: variável e incógnita.
Habilidade:
(EF07MA14) Classificar sequências em recursivas e não recursivas, reconhecendo que o conceito de recursão está presente não apenas na matemática, mas também nas artes e na literatura.

Efetivamente, há padrões por toda parte e é importante que os(as) estudantes se deem conta disso e sejam capazes de identificá-los. Nas artes, por exemplo, há ilustrações, esculturas, pinturas, ritmos musicais, gestos na dança, entre outras formas de expressões, em que diversos tipos de padrão podem ser observados. Veja as obras que seguem.

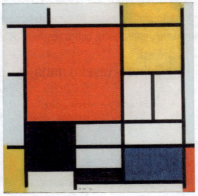

Piet Mondrian (Composição em vermelho, amarelo, azul e preto, 1921)

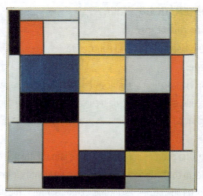

Piet Mondrian (Composição A, 1923)

Também na literatura, há variados modos de explorar padrões e regularidades, como no caso da métrica e da rima nos poemas, mas também em estruturas textuais que se repetem, causando efeitos de sentido e organizando protocolos de leitura. Nesse sentido, podemos observar, como um exemplo entre muitos outros possíveis, os palíndromos.

O muro: rever o rumo

Palíndromo "O muro: rever o rumo"

Ou, ainda, os efeitos de forma na poesia concreta.

Além dessas investigações que levam os estudantes a circular em variados contextos, cabe, evidentemente, propor, nas aulas de Matemática, também desafios com números, como no caso das sequências numéricas.

Identifique e classifique, entre as sequências abaixo, quais dependem e quais não dependem do termo anterior:

1. 3; 15; 45; 675; 30 375 ($T_n = T_{n-1} \times T_{n-2}$)

2. 2; 4; 6; 8; 10; 12; 14 ($T_n = 2n$)

3. 3; 9; 27; 81; 243 ($T_n = 3^n$)

4. 3; 3; 6; 9; 15; 24; 39 ($T_n = T_{n-1} + T_{n-2}$)

Um novo desafio se apresenta aos estudantes, qual seja, o de criar estratégias para representar as regularidades.

> **UNIDADE TEMÁTICA:** ÁLGEBRA
> **Objetos de conhecimento:**
> Linguagem algébrica: variável e incógnita.
> **Habilidade:**
> (EF07MA15) Utilizar a simbologia algébrica para expressar regularidades encontradas em sequências numéricas

Além disso, várias habilidades propostas abrem ampla possibilidade no que se refere ao trabalho com padrões e regularidades.

> **UNIDADE TEMÁTICA:** ÁLGEBRA
> **Objetos de conhecimento:**
> Equivalência de expressões algébricas: identificação da regularidade de uma sequência numérica.
> **Habilidade:**
> (EF07MA16) Reconhecer se duas expressões algébricas obtidas para descrever a regularidade de uma mesma sequência numérica são ou não equivalentes.
> **Objetos de conhecimento:**
> Problemas envolvendo grandezas diretamente proporcionais e grandezas inversamente proporcionais.
> **Habilidade:**
> (EF07MA17) Resolver e elaborar problemas que envolvam variação de proporcionalidade direta e de proporcionalidade inversa entre duas grandezas, utilizando sentença algébrica para expressar a relação entre elas

ETAPA DO ENSINO FUNDAMENTAL – ANOS FINAIS

Regularidade em sequência de figuras

Veja a sequência de figuras a seguir.

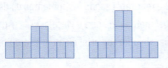

Mariana escreveu a seguinte expressão para representar a sequência: $2(n + 1) + 6$
Alberto escreveu a seguinte expressão como sendo a lei de formação dessa sequência:
$2n + 8$
Responda qual deles escreveu a expressão correta e justifique sua resposta.

Mais uma vez, na Geometria, muitos são os conhecimentos cuja abordagem se articula bastante bem com o estudo de padrões.

UNIDADE TEMÁTICA: GEOMETRIA

Objetos de conhecimento:

Transformações geométricas de polígonos no plano cartesiano: multiplicação das coordenadas por um número inteiro e obtenção de simétricos em relação aos eixos e à origem.

Habilidades:

(EF07MA19) Realizar transformações de polígonos representados no plano cartesiano, decorrentes da multiplicação das coordenadas de seus vértices por um número inteiro.

(EF07MA20) Reconhecer e representar, no plano cartesiano, o simétrico de figuras em relação aos eixos e à origem.

Objetos de conhecimento:
Simetrias de translação, rotação e reflexão.
Habilidade:
(EF07MA21) Reconhecer e construir figuras obtidas por simetrias de translação, rotação e reflexão, usando instrumentos de desenho ou *softwares* de geometria dinâmica e vincular esse estudo a representações planas de obras de arte, elementos arquitetônicos, entre outros.
UNIDADE TEMÁTICA: GRANDEZAS E MEDIDAS
Objetos de conhecimento:
Polígonos regulares: quadrado e triângulo equilátero.
Habilidades:
(EF07MA27) Calcular medidas de ângulos internos de polígonos regulares, sem o uso de fórmulas, e estabelecer relações entre ângulos internos e externos de polígonos, referencialmente vinculadas à construção de mosaicos e de ladrilhamentos.
(EF07MA28) Descrever, por escrito e por meio de um fluxograma, um algoritmo para a construção de um polígono regular (como quadrado e triângulo equilátero), conhecida a medida de seu lado

Veja a seguir uma sugestão de atividade com padrões em simetria.

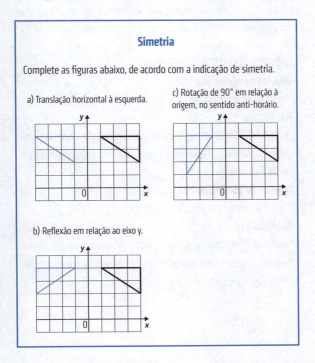

No oitavo ano, várias das proposições se assemelham às dos dois anos anteriores, mas vão ganhando maior complexidade na medida em que demandam o avanço no domínio de noções matemáticas e maior articulação entre os conhecimentos já aprendidos, bem como sugerem mais atividades em que tais conhecimentos sejam mobilizados para solucionar problemas. Aqui, portanto, inúmeras atividades podem se assemelhar às já apresentadas em exemplos anteriores. É o que ocorre com potenciação e radiciação, resolução de problemas, sequências recursivas e não-recursivas, propriedades dos triângulos, transformações geométricas etc., como podemos observar a seguir.

> **UNIDADE TEMÁTICA:** NÚMEROS
> **Objetos de conhecimento:**
> Potenciação e radiciação.
> **Habilidade:**
> (EF08MA02) Resolver e elaborar problemas usando a relação entre potenciação e radiciação, para representar uma raiz como potência de expoente fracionário .
> **Objetos de conhecimento:**
> Valor numérico de expressões algébricas.
> **Habilidade:**
> (EF08MA06) Resolver e elaborar problemas que envolvam cálculo do valor numérico de expressões algébricas, utilizando as propriedades das operações.

Regularidades em sequências com expressões algébricas e com seus valores numéricos

Em cada sequência, com expressões algébrica, descubra uma regularidade observando os quatro primeiros termos, e escreva o 5º termo.

Depois, escreva a sequência formada pelo valor numérico de cada expressão, para o valor variável indicado.

a) $3x + 1$, $6x + 2$, $9x + 3$, $12x + 4$ e $15x + 5$

Valor numérico para $x = -1$

$-2, -4, -6, -8$ e -10

b) $x - x^{-1}$, $2x + x^{-2}$, $3x + x^{-3}$, $4x + x^{-4}$ e $5x + x^{-5}$

Valor numérico para $x = -1$

$1\frac{1}{2}, 3\frac{3}{4}, 5\frac{7}{8}, 7\frac{15}{16}$ e $9\frac{31}{12}$

Agora responda:

No item **a**, qual é o 10º termo da sequência de expressões algébricas? $3x + 10$

No item **b**, qual é o 10º termo da sequência de valores numéricos? $19\frac{1\,023}{1\,024}$

Há ainda muitos outros tópicos potencialmente interessantes para a abordagem de padrões e regularidades. Veja alguns deles em seguida.

UNIDADE TEMÁTICA: ÁLGEBRA
Objeto de conhecimento:
Sequências recursivas e não recursivas.
Habilidades:
(EF08MA10) Identificar a regularidade de uma sequência numérica ou figural não recursiva e construir um algoritmo por meio de um fluxograma que permita indicar os números ou as figuras seguintes.
(EF08MA11) Identificar a regularidade de uma sequência numérica recursiva e construir um algoritmo por meio de um fluxograma que permita indicar os números seguintes.
Objeto de conhecimento:
Variação de grandezas: diretamente proporcionais, inversamente proporcionais ou não proporcionais.
Habilidades:
(EF08MA12) Identificar a natureza da variação de duas grandezas, diretamente, inversamente proporcionais ou não proporcionais, expressando a relação existente por meio de sentença algébrica e representá-la no plano cartesiano.
(EF08MA13) Resolver e elaborar problemas que envolvam grandezas diretamente ou inversamente proporcionais, por meio de estratégias variadas.
UNIDADE TEMÁTICA: GEOMETRIA
Objeto de conhecimento:
Congruência de triângulos e demonstrações de propriedades de quadriláteros.
Habilidade:
(EF08MA14) Demonstrar propriedades de quadriláteros por meio da identificação da congruência de triângulos.

Objeto de conhecimento:
Construções geométricas: ângulos de 90°, 60°, 45° e 30° e polígonos regulares.
Habilidade:
(EF08MA15) Construir, utilizando instrumentos de desenho ou *softwares* de geometria dinâmica, mediatriz, bissetriz, ângulos de 90°, 60°, 45° e 30° e polígonos regulares.
Objeto de conhecimento:
Transformações geométricas: simetrias de translação, reflexão e rotação.
Habilidade:
(EF08MA18) Reconhecer e construir figuras obtidas por composições de transformações geométricas (translação, reflexão e rotação), com o uso de instrumentos de desenho ou de *softwares* de geometria dinâmica

Para trabalhar com geometria, uma sugestão que permite tratar de mais de um dos itens indicados, associando-os à ampliação das habilidades dos e das estudantes no que se refere aos padrões, está contida na análise e na transformação de faixas decorativas. É o que podemos notar no exemplo que segue.

Faixas decorativas

Regularidades em faixas decorativas

Cada faixa decorativa tem 4 quadros. Cada quadro, a partir do 2º, é obtido fazendo uma transformação geométrica do quadro imediatamente anterior.

Construa o 2º, o 3º e o 4º quadro a partir da transformação geométrica indicada.

a) Translação

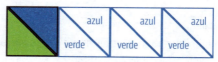

b) Reflexão em relação aos eixos b_1, b_2 e b_3.

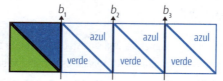

c) Rotação de 90° no sentido horário, em torno dos pontos C_1, C_2 e C_3.

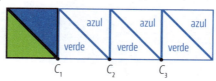

ETAPA DO ENSINO FUNDAMENTAL – ANOS FINAIS

No nono ano, os objetivos indicados na BNCC permitem a retomada de habilidades já aprendidas, com alguns avanços em termos de complexidade e, sobretudo, com a ampliação da capacidade dos estudantes em aplicar tais conhecimentos na resolução de problemas. Nesse sentido, muitas propostas podem envolver o avanço no domínio de noções de padrão e regularidade.

Mário estava dirigindo seu automóvel, olhou pelo retrovisor e viu a seguinte escrita no veículo que estava atrás dele.

> Mário estava dirigindo seu automóvel, olhou pelo retrovisor e viu a seguinte escrita no veículo que estava atrás dele.
>
> O J U C I È V
> E S C O L A R
>
> 1) O que estava escrito no veículo?
>
> Veículo escolar
>
> 2) Quais letras não aparecem invertidas no retrovisor? Por quê?
>
> V, I, U, O, A. Porque são simétricas em relação ao eixo vertical.

Como nos anos anteriores, há várias brechas para o trabalho com padrões em cada uma das unidades temáticas, mas vamos destacar apenas algumas, a titulo de de exemplo.

UNIDADE TEMÁTICA: ÁLGEBRA
Objeto de conhecimento:
Razão entre grandezas de espécies diferentes.
Habilidade:
(EF09MA07) Resolver problemas que envolvam a razão entre duas grandezas de espécies diferentes, como velocidade e densidade demográfica.
Objeto de conhecimento:
Grandezas diretamente proporcionais e grandezas inversamente proporcionais.
Habilidade:
(EF09MA08) Resolver e elaborar problemas que envolvam relações de proporcionalidade direta e inversa entre duas ou mais grandezas, inclusive escalas, divisão em partes proporcionais e taxa de variação, em contextos socioculturais, ambientais e de outras áreas.
Objetos de conhecimento:
Expressões algébricas: fatoração e produtos notáveis.
Resolução de equações polinomiais do 2º grau por meio de fatorações.
Habilidade:
(EF09MA09) Compreender os processos de fatoração de expressões algébricas, com base em suas relações com os produtos notáveis, para resolver e elaborar problemas que possam ser representados por equações polinomiais do 2º grau.

A seguir, apresentamos um exemplo de atividade com produtos notáveis.

Produtos notáveis

Regularidades nos produtos notáveis

Em cada produto notável, é dado um exemplo de como é efetuado e uma forma de obter o resultado diretamente.

Depois, verifique com o outro exemplo, se a regularidade na forma é mantida.

1. Quadrado da soma

a) $(x + 3)^2 = (x + 3)(x + 3) = x^2 + 3x + 3x + 9 = x^2 + 6x + 9$
$(x + 3)^2 = x^2 + 6x + 9$

quadrado de x — dobro do produto de x por 3 — quadrado de 3

b) $(5x + 4)^2 = (5x + 4)(5x + 4) = \underline{25x^2 + 20x + 20x + 16} =$
$= \underline{25x^2 + 40x + 16}$

quadrado de $5x$ — dobro do produto de $5x$ por 4 — quadrado de 4

2. Quadrado da diferença

a) $(x - 6)^2 = (x - 6)(x - 6) = x^2 - 6x - 6x + 36 = x^2 - 12x + 36$
$(x - 6)^2 = x^2 - 12x + 36x$

b) $(4x - 10)^2 = (4x - 10)(4x - 10) = 16x^2 - 40x - 40x + 100 =$
$= \underline{16x^2 - 80x + 100}$

c) $(4x - 10)^2 = \underline{(4x - 10)(4x - 10) = 16x^2 - 80x + 100}$

Continuação

> **3. Produto da soma pela diferença de 2 termos**
> **a)** $(x + 7)(x - 7) = x^2 + 7x - 7x - 49 = x^2 - 49$
> $(x + 7)(x - 7) = x^2 - 49$
>
> quadrado de x quadrado de 7
>
> **b)** $(3x + 10)(3x - 10) = \underline{9x^2 + 30x - 30x + 100 = 9x^2 - 100}$
> $(3x + 10)(3x - 10) = \underline{9x^2 - 100}$
>
> quadrado de $3x$ quadrado de 100
>
> **Conclusão:**
> Considere as regularidades verificadas e escreva os resultados.
> - $(a + b)^2 = \underline{a^2 + 2ab + b^2}$
> - $(a - b)^2 = \underline{a^2 - 2ab + b^2}$
> - $(a + b)(a + b) = \underline{a^2 - b^2}$

Em Geometria também são variadas as alternativas de trabalho com padrões e regularidades abarcando habilidades tais como podemos ver a seguir.

> **UNIDADE TEMÁTICA:** GEOMETRIA
> **Objeto de conhecimento:**
> Demonstrações de relações entre os ângulos formados por retas paralelas intersectadas por uma transversal.
> **Habilidade:**
> (EF09MA10) Demonstrar relações simples entre os ângulos formados por retas paralelas cortadas por uma transversal.
> **Objeto de conhecimento:**
> Relações entre arcos e ângulos na circunferência de um círculo.

ETAPA DO ENSINO FUNDAMENTAL – ANOS FINAIS

> **Habilidade:**
> (EF09MA11) Resolver problemas por meio do estabelecimento de relações entre arcos, ângulos centrais e ângulos inscritos na circunferência, fazendo uso, inclusive, de *softwares* de geometria dinâmica.
> **Objeto de conhecimento:**
> Semelhança de triângulos.
> **Habilidade:**
> (EF09MA12) Reconhecer as condições necessárias e suficientes para que dois triângulos sejam semelhantes.

Uma sugestão de atividade com conteúdos de Geometria está indicada a seguir.

Regularidades na medida do comprimento dos lados dos triângulos retângulos

- Os triângulos representados nas figuras abaixo são todos triângulos retângulos.

Calcule, em cada um deles, o quadrado dos números que indicam as medidas dos lados, dadas na mesma unidade de medida.

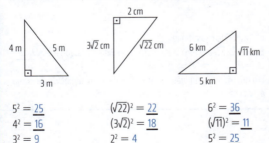

$5^2 = \underline{25}$ $(\sqrt{22})^2 = \underline{22}$ $6^2 = \underline{36}$
$4^2 = \underline{16}$ $(3\sqrt{2})^2 = \underline{18}$ $(\sqrt{11})^2 = \underline{11}$
$3^2 = \underline{9}$ $2^2 = \underline{4}$ $5^2 = \underline{25}$

- A regularidade verificada nos três exemplos acima, se verifica em todos os triângulos retângulos, e somente neles.

Continuação

Descubra qual é essa regularidade e complete com o que falta no seu registro. Essa regularidade é conhecida como **relação de Pitágoras**.

> Se a, b e c indicam medidas dos lados no triângulo retângulo abaixo, na mesma unidade de medida, sendo $a > b$ e $a > c$, então:
>
>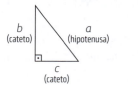
>
> $\underline{a^2} = \underline{b^2} + \underline{c^2}$
>
> Relação de Pitágoras

- Aplicações da relação de Pitágoras

a) Calcule o valor de x e de y nos triângulos abaixo.

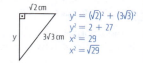

$x^2 = 2^2 + 4^2$
$x^2 = 4 + 16$
$x^2 = 20$
$x^2 = \sqrt{20} = 5\,2$

$y^2 = (\sqrt{2})^2 + (3\sqrt{3})^2$
$y^2 = 2 + 27$
$x^2 = 29$
$x^2 = \sqrt{29}$

b) Responda e justifique:
Em um quadrado com lados 3 cm, a medida da diagonal é $\underline{3\sqrt{2}\text{ cm}^2}$.
$d^2 = 3^2 + 3^2 = 18 \Rightarrow d = 3\sqrt{2}$
Em um triângulo equilátero com lados de 8 cm, a medida da altura é $4\sqrt{3}$ cm². $h^2 + 4^2 = 8^2 = 18 \Rightarrow h = \sqrt{48} = 4\sqrt{3}$

6 ETAPA DO ENSINO MÉDIO

Para o ensino médio, na BNCC, a indicação das habilidades que se espera que estudantes desenvolvam nas aulas de Matemática não estão separadas por ano. Isso significa que, ao longo dos três anos de curso nesse nível de ensino, eles e elas devem ter tido contato com um conjunto variado de proposições pedagógicas que oportunizem a consolidação de competências com números, Álgebra, Geometria, grandezas e medidas, probabilidade e Estatística. Há expectativa de que avancem nas capacidades relacionadas à teorização matemática, bem como sejam capazes de compreender a Matemática inserida em diversos contextos e possam aplicar uma ampla gama de conhecimentos em situações vivenciadas no cotidiano.

Com relação a muitos dos conhecimentos matemáticos previstos para o ensino médio, os e as estudantes já tiveram um primeiro contato no Ensino Fundamental. Isso significa que vários dos exemplos de trabalho pedagógico com padrões sugeridos na seção precedente podem ser mobilizados também nas aulas do Ensino Médio, mediante simples ajustes que adequem as proposições aos interesses e níveis de competência matemática a cada ano escolar. Portanto, a intenção aqui não é esgotar todas as possibilidades de atividades envolvendo padrões e regularidades que se mostram possíveis no ensino médio. O que se quer nesse momento, é destacar alguns dos objetivos indicados na BNCC para esse nível de ensino que abrem amplo campo de exploração do tema, seguidos de alguns exemplos que possam inspirar a criação de novas atividades, cujo desafio esteja adequado às e aos estudantes.

A BNCC organiza os objetivos do ensino de Matemática no ensino médio em torno de cinco competências específicas. Em todas elas, evidentemente, é possível propor dinâmicas de estudo e atividades que envolvem padrões, regularidades e generalizações. Algumas habilidades, no entanto, abrem mais espaço ao desenvolvimento de tais propósitos. Vejamos a seguir.

> **COMPETÊNCIA ESPECÍFICA 1:** Utilizar estratégias, conceitos e procedimentos matemáticos para interpretar situações em diversos contextos, sejam atividades cotidianas, sejam fatos das Ciências da Natureza e Humanas, das questões socioeconômicas ou tecnológicas, divulgados por diferentes meios, de modo a contribuir para uma formação geral.
> **Habilidade:**
> (EM13MAT105) Utilizar as noções de transformações isométricas (translação, reflexão, rotação e composições destas) e transformações homotéticas para construir figuras e analisar elementos da natureza e diferentes produções humanas (fractais, construções civis, obras de arte, entre outras).
> **COMPETÊNCIA ESPECÍFICA 3:** Utilizar estratégias, conceitos, definições e procedimentos matemáticos para interpretar, construir modelos e resolver problemas em diversos contextos, analisando a plausibilidade dos resultados e a adequação das soluções propostas, de modo a
> construir argumentação consistente.

Habilidades:

(EM13MAT306) Resolver e elaborar problemas em contextos que envolvem fenômenos periódicos reais (ondas sonoras, fases da lua, movimentos cíclicos, entre outros) e comparar suas representações com as funções seno e cosseno, no plano cartesiano, com ou sem apoio de aplicativos de álgebra e geometria.

(EM13MAT308) Aplicar as relações métricas, incluindo as leis do seno e do cosseno ou as noções de congruência e semelhança, para resolver e elaborar problemas que envolvem triângulos, em variados contextos.

COMPETÊNCIA ESPECÍFICA 4: Compreender e utilizar, com flexibilidade e precisão, diferentes registros de representação matemáticos (algébrico, geométrico, estatístico, computacional etc.), na busca de solução e comunicação de resultados de problemas.

Habilidades:

(EM13MAT402) Converter representações algébricas de funções polinomiais de 2º grau em representações geométricas no plano cartesiano, distinguindo os casos nos quais uma variável for diretamente proporcional ao quadrado da outra, recorrendo ou não a *softwares* ou aplicativos de álgebra e geometria dinâmica, entre outros materiais.

(EM13MAT403) Analisar e estabelecer relações, com ou sem apoio de tecnologias digitais, entre as representações de funções exponencial e logarítmica expressas em tabelas e em plano cartesiano, para identificar as características fundamentais (domínio, imagem, crescimento) de cada função.

COMPETÊNCIA ESPECÍFICA 5: Investigar e estabelecer conjecturas a respeito de diferentes conceitos e propriedades matemáticas, empregando estratégias e recursos, como observação de padrões, experimentações e diferentes tecnologias, identificando a necessidade, ou não, de
uma demonstração cada vez mais formal na validação das referidas conjecturas.

Habilidades:

(EM13MAT501) Investigar relações entre números expressos em tabelas para representá-los no plano cartesiano, identificando padrões e criando conjecturas para generalizar e expressar algebricamente essa generalização, reconhecendo quando essa representação é de função polinomial de 1º grau.

(EM13MAT502) Investigar relações entre números expressos em tabelas para representá-los no plano cartesiano, identificando padrões e criando conjecturas para generalizar e expressar algebricamente essa generalização, reconhecendo quando essa representação é de função polinomial de 2º grau do tipo $y = ax^2$.

(EM13MAT503) Investigar pontos de máximo ou de mínimo de funções quadráticas em contextos envolvendo superfícies, Matemática Financeira ou Cinemática, entre outros, com apoio de tecnologias digitais.

(EM13MAT505) Resolver problemas sobre ladrilhamento do plano, com ou sem apoio de aplicativos de geometria dinâmica, para conjecturar a respeito dos tipos ou composição de polígonos que podem ser utilizados em ladrilhamento, generalizando padrões observados.

ETAPA DO ENSINO MÉDIO

> (EM13MAT506) Representar graficamente a variação da área e do perímetro de um polígono regular quando os comprimentos de seus lados variam, analisando e classificando as funções envolvidas.
> (EM13MAT507) Identificar e associar progressões aritméticas (PA) a funções afins de domínios discretos, para análise de propriedades, dedução de algumas fórmulas e resolução de problemas.
> (EM13MAT508) Identificar e associar progressões geométricas (PG) a funções exponenciais de domínios discretos, para análise de propriedades, dedução de algumas fórmulas e resolução de problemas.
> (EM13MAT510) Investigar conjuntos de dados relativos ao comportamento de duas variáveis numéricas, usando ou não tecnologias da informação, e, quando apropriado, levar em conta a variação e utilizar uma reta para descrever a relação observada.

Como podemos notar, são muitas as possibilidades. A seguir, temos algumas sugestões de atividade, a título de exemplo.

Regularidades nas progressões aritméticas (PA) e nas progressões geométricas (PG)

1. Uma sequência de números reais é chamada de **progressão aritmética (PA)** quando apresenta a seguinte regularidade:

> Em uma PA, cada termo, a partir do 2º, é obtido somando o termo anterior a um mesmo número (razão r da PA):

Construa as seguintes PAs:

a) PA com 5 termos, com 1º termo $a_1 = 5$ e razão $r = 3$.

5, 8, 11, 14 e 17

Continuação

b) PA com 6 termos, com 1º termo $a_1 = 3$ e razão $r = 10$.

<u>3</u>, <u>13</u>, <u>23</u>, <u>33</u>, <u>43</u> e <u>53</u>

c) PA com 6 termos, com 1º termo $a_1 = 7$ e razão $r = -2$.

<u>7</u>, <u>5</u>, <u>3</u>, <u>1</u>, <u>−1</u> e <u>−2</u>

Observação: As PAs apresentam outras regularidades. Faça cálculos nos exemplos dados e em outras PAs, confira e complete:

• Em uma PA, a diferença entre um termo e seu sucessor é sempre igual à <u>razão da PA</u>.

• Considerando 3 termos consecutivos em uma PA, a média aritmética dos dois extremos é sempre igual ao <u>termo do meio</u>.

2. Uma sequência de números reais não nulos é chamada de progressão geométrica (PG), quando apresenta a seguinte regularidade:

> Em uma PG, cada termo, a partir do 2º, é obtido multiplicando o termo anterior a um mesmo número não nulo (razão q da PG):

Construa as seguintes PGs:

a) PG com 4 termos, com 1º termo $a_1 = 3$ e razão $q = 2$.

<u>3</u>, <u>6</u>, <u>12</u> e <u>24</u>

b) PG com 5 termos, com 1º termo $a_1 = 2$ e razão $q = 10$.

<u>2</u>, <u>20</u>, <u>200</u>, <u>2 000</u>, e <u>20 000</u>

c) PG com 4 termos, com 1º termo $a_1 = 1$ e razão $q = -3$.

<u>1</u>, <u>-3</u>, <u>9</u> e <u>−27</u>

Observação: Faça cálculos nos exemplos dados e em outras PGs, confira e complete mais esta regularidade nas PGs:

• Em uma PG, o quociente entre um termo e seu sucessor é sempre igual à <u>razão da PG</u>.

ETAPA DO ENSINO MÉDIO

Regularidades nas sequências de figuras

1. Figuras triangulares

a) Descubra a regularidade na sequência e, de acordo com ela, desenhe a 4ª figura, depois, registre em cada figura, o número de pontos marcado s (P), o número de segmentos (S) e o número de triângulos (T), Veja duas figuras já registradas

1ª figura	2ª figura	3ª figura	4ª figura
P = 1	P = 3	P = 6	P = 10
S = 0	S = 3	S = 9	S = 18
T = 0	T = 1	T = 4	T = 9

b) Sem desenhar, descubra e escreva os valores de P, S e T da 5ª figura.

P = 15 (10 + 5)   S = 30 (18 + 12)   P = 16 (9 + 7)

2. Figuras quadradas

a) Descubra a regularidade na sequência e, de acordo com ela, desenhe a 4ª figura, depois, registre em cada figura, o número de pontos marcados (P), o número de segmentos (S) e o número de quadrados (Q), Veja duas figuras já registradas

1ª figura	2ª figura	3ª figura	4ª figura
P = 1	P = 4	P = 9	P = 16
S = 0	S = 4	S = 12	S = 24
T = 0	T = 1	T = 4	T = 9

b) Sem desenhar, descubra e escreva os valores de P, S e T da 5ª figura.

P = 25 (16 + 9)   S = 40 (24 + 16)   P = 16 (9 + 7)

Continuação

3. Desafio

a) Na atividade 1, o 10º termo tem:

$P = \underline{55}$ $S = \underline{135}$ $P = \underline{81}$
$(15 + 6 + 7 + 8 + 9 + 10)$ $(30 + 15 + 18 + 21 + 24 + 27)$ (9×9)

b) Na atividade 2, o 10º termo tem:

$P = \underline{100}$ $S = \underline{180}$ $P = \underline{81}$
(4×4) $(40 + 20 + 24 + 28 + 32 + 36)$ (9×9)

Regularidades nas sequências de matrizes e nas sequências de seus respectivos determinantes

1. Em cada item, descubra a regularidade na sequência de matrizes e escreva o 5º termo. Depois, observe os 3 primeiros termos das sequências formadas pelos respectivos determinantes (D_1, D_2, D_3) e complete os outros dois (D_4 e D_5).

a) $\begin{bmatrix} 1 & 2 \\ 0 & 3 \end{bmatrix}, \begin{bmatrix} 2 & 3 \\ 1 & 4 \end{bmatrix}, \begin{bmatrix} 3 & 4 \\ 2 & 5 \end{bmatrix}, \begin{bmatrix} 4 & 5 \\ 3 & 6 \end{bmatrix}, \begin{bmatrix} 5 & 6 \\ 4 & 7 \end{bmatrix}, \ldots$

$D_1 = 3$, $D_2 = 5$, $D_3 = 7$, $D_4 = \underline{9}$, $D_5 = \underline{11}$, ...
Na sequência dos determinantes, $D_{10} = \underline{21}$

b) $\begin{bmatrix} 0 & 1 \\ 3 & 2 \end{bmatrix}, \begin{bmatrix} 3 & 0 \\ 2 & 1 \end{bmatrix}, \begin{bmatrix} 2 & 3 \\ 1 & 0 \end{bmatrix}, \begin{bmatrix} 1 & 2 \\ 0 & 3 \end{bmatrix}, \begin{bmatrix} 0 & 1 \\ 3 & 2 \end{bmatrix}, \ldots$

$D_1 = -1$, $D_2 = 3$, $D_3 = -1$, $D_4 = \underline{3}$, $D_5 = \underline{-1}$, ...
Na sequência dos determinantes, $D_{19} = \underline{-1}$

c) $\begin{bmatrix} 1 & 1 \\ 0 & 1 \end{bmatrix}, \begin{bmatrix} 1 & 2 \\ 1 & 1 \end{bmatrix}, \begin{bmatrix} 1 & 3 \\ 2 & 1 \end{bmatrix}, \begin{bmatrix} 1 & 4 \\ 3 & 1 \end{bmatrix}, \begin{bmatrix} 1 & 5 \\ 4 & 1 \end{bmatrix}, \ldots$

$D_1 = 1$, $D_2 = -1$, $D_3 = -5$, $D_4 = \underline{-11}$, $D_5 = \underline{-19}$, ...
Na sequência dos determinantes, $D_8 = \underline{-55}$

Continuação

2. Inverta a posição das linhas da matriz A e escreva a matriz A' obtida. Depois, inverta as colunas da matriz A e escreva a matriz A''.

Finalmente, calcule det A, det A' e det A''.

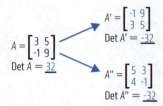

b) Agora, inverta a posição da 1ª e 3ª linhas de B, obtendo B' e inverta a posição da 2ª e 3ª colunas, obtendo B''. Depois, calcule det B, det B' e det B''.

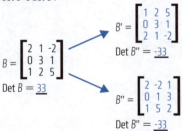

Teste outros exemplos invertendo a posição de duas linhas e de duas colunas de outra matriz quadrada. O que acontece com os determinantes da matriz dada e das matrizes obtidas? <u>Eles são números opostos</u>.

7 VARIEDADE DE PADRÕES NA MATEMÁTICA, NA NATUREZA E NAS ARTES.

Os padrões estão por toda a parte! Com base nas ideias de atividades propostas nas seções anteriores, é possível criar várias outras possibilidades. Nesse sentido, vale a pena conhecer alguns tipos de padrão, cuja abordagem em sala de aula permite ampliar as competências matemáticas dos estudantes. Como já amplamente explorado anteriormente, é interessante levar os e as estudantes a perceber e a observar que podemos identificar padrões em várias situações da vida cotidiana.

Como já foi dito, padrões podem ser de repetição e de crescimento. Conforme Vale e Pimentel (2009, p. 14) "um padrão de repetição é um padrão no qual há um motivo identificável que se repete de forma cíclica indefinidamente" e "nos padrões de crescimento, cada termo muda de forma previsível em relação ao anterior". Observe a seguir, exemplos de padrão de repetição.

Padrões em desenho

Padrões na música

5; 5; 5; 5; 5; 5; 5; 5; 5.

Agora, alguns exemplos de sequências recursivas ou de crescimento.

Sequências (A)

Sequências (B)

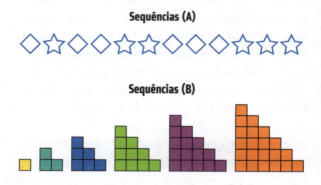

1; 3; 6; 10; 15; 21.

No caso das sequências recursivas ou de crescimento, é importante observar que há padrões de crescimento lineares e não lineares. Vale e Pimentel (2009, p.14), dentre outras distinções, ressaltam que "há padrões de crescimento lineares e não lineares, ou seja, cuja tradução algébrica pode ser feita, ou não, através de uma expressão polinomial do 1º grau":

- sequência com padrão de crescimento linear: $2n + 1$, para $n = 0$, 1, 2, 3, ... (1; 3; 5; 7; 9; ...).

- Sequência com padrão de crescimento não linear: $3n^2$, para $n = 1$, 2, 3, ... (3; 12; 27;...).

Zazkis e Liljedahl (2002) separaram os padrões da seguinte forma: padrões numéricos, padrões geométricos, padrões em procedimentos computacionais, padrões lineares e quadráticos, e padrões repetidos. Na sequência linear, a relação entre os termos pode ser descrita por uma função linear. Na sequência não linear, esse modelo não se encaixa. A sequência pode ser descrita por uma função não linear, como, por exemplo, a função quadrática, $2x^2$.

Além disso, nas sequências lógicas, temos a possibilidade de configurar sequências recursivas, o que ocorre quando cada termo pode ser calculado em função de termos antecessores, como no caso que segue.

Sequência recursiva

1; 4; 7; 11; 14; 17; 20; ... $(n + 3)$

Nas sequências repetitivas, determina-se um padrão ou modelo que se repete.

Sequência repetitiva

↓↓ ← ← ↑↑ → → ↓↓ ← ← ↑↑ → → ↓↓ ← ← ↑↑ → →
45; 34; 23; 12; 45; 34; 23; 12; 45; 34; 23; 12; 45

Quando temos uma progressão aritmética (PA), a sequência numérica se comporta de forma linear, ou seja, após o primeiro termo, somamos um valor fixo, denominado razão, ao anterior para encontrar o próximo termo:

2; 4; 6; 8; 10; 12; 14...

6; 12; 18; 24; 30; 36...

Já no caso da progressão geométrica (PG), a sequência numérica é construída pela multiplicação de cada termo da sequência por um valor fixo, denominado razão, para se obter o próximo termo.

4; 12; 36; 108; 324...

Triângulo de Pascal
Podemos ver no Triângulo de Pascal a presença de um padrão na obtenção de cada uma de suas linhas.

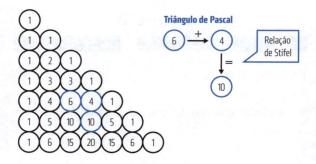

Podemos observar o seguinte padrão:

- os elementos das duas primeiras linhas são iguais a 1;

- o primeiro e o último elemento de cada linha é também igual a 1;

- os demais elementos são obtidos através da Relação de Stifel.

Binômio de Newton (produtos notáveis)

$(a + b)^0 = 1a^0b^0$

$(a + b)^1 = 1a^1b^0 + 1a^0b^1$

$(a + b)^2 = 1a^2b^0 + 2a^1b^1 + 1a^0b^2$

$(a + b)^3 = 1a^3b^0 + 3a^2b^1 + 3a^1b^2 + 1a^0b^3$

$(a + b)^4 = 1a^4b^0 + 4a^3b^1 + 6a^2b^2 + 4a^1b^3 + 1a^0b^4$

Existe aí um padrão de recorrência para $(a + b)^n$ com n, natural.

- O número de termos da expansão é sempre $n + 1$;

- todos os termos apresentam o produto **ab** com seus respectivos expoentes;

- os expoentes de **a** vão decrescendo de **n** até **0**;

- os expoentes **b** vão crescendo de **0** até **n**;

- o primeiro coeficiente é sempre **1** e o segundo é sempre **n**;

- para se obter o coeficiente do terceiro termo, no segundo termo fazemos o seguinte: multiplicamos o coeficiente pelo expoente de **a** e dividimos pela ordem do termo. E assim sucessivamente.

Observe que os coeficientes do Binômio de Newton são os números que aparecem no Triângulo de Pascal.

Função quadrática

Dada a função $y = ax^2$, definida para todos os números reais, temos que **x** e **y** são as variáveis e a é um parâmetro. Quando atribuímos ao parâmetro valores diferentes, este determina parábolas diferentes, mas de mesma natureza. Teremos, então, uma sequência de parábolas que obedecem a um padrão.

Sequência de parábolas

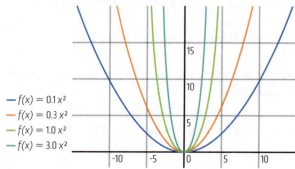

VARIEDADE DE PADRÕES NA MATEMÁTICA, NA NATUREZA E NAS ARTES.

O número π

O número π = 3,14159... pode ser observado pela ótica de alguma regularidade, de algum padrão? Pode sim! Para respondermos a esse questionamento, vejamos a sequência de círculos a seguir.

Sequência de círculos

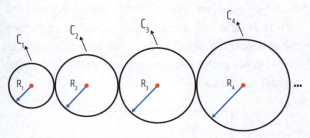

As razões entre a medida do comprimento de cada circunferência e a do seu respectivo diâmetro, apresentam uma regularidade, ou seja, todas essas razões são iguais π.

$$\frac{C_1}{2R_1} = \frac{C_2}{2R_2} = \frac{C_3}{2R_3} = \frac{C_4}{2R_4} = \cdots \frac{C_n}{2R_n} = \pi$$

Sequência de Fibonacci

Por fim, não poderíamos deixar de mencionar a sequência de Fibonacci (Leonardo de Pisa, conhecido como Fibonacci),

1, 1, 2, 3, 5, 8, 13, 21, 34, 55, 89, 144, 233, ...

O padrão é: cada número a partir do 3º, é obtido pela soma dos dois termos imediatamente anteriores, ou seja,

$$F_n = F_n - 1 + F_{n-2}, n = 3, 4, 5, 6, ...$$

Quando dividimos um número da sequência de Fibonacci pelo seu antecessor (por exemplo, 144 : 89 = 1, 61797752...) gera um valor conhecido como **razão áurea**, cujo valor aproximado é 1,618. Esse é o chamado "número de ouro" dos gregos. Ele está presente em praticamente tudo: em nós, como o quociente entre nossa altura e a distância do umbigo ao chão e na natureza.

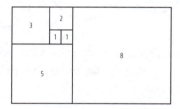

Figura 49 – Sequência de Fibonacci na casca de um caracol

Sequência de Fibonacci na casca da concha de Nautilu.s

VARIEDADE DE PADRÕES NA MATEMÁTICA, NA NATUREZA E NAS ARTES.

Sequência de Fibonacci nas plantas

Nas artes

O "número de ouro" é considerado o número das proporções perfeitas. Podemos ver sua aplicação na arquitetura e nas obras de arte. Leonardo da Vinci (1452 – 1519) usou esse número em diversas obras suas, como *Mona Lisa* e *A Santa Ceia*.

Mona Lisa, de Leonardo da Vinci (1503-1506)

A última ceia, de Leonardo da Vinci (1495–1948)

Da Vinci também percebeu que essa proporção podia ser observada no corpo humano. Veja a figura seguinte.

O homem vitruviano, de Leonardo da Vinci (1490)

Outros exemplos de padrões são os mosaicos geométricos. Alguns mosaicos apresentam uma regularidade geométrica. Com base em um elemento básico que pode ser chamado de "motivo", constrói-se o mosaico.

VARIEDADE DE PADRÕES NA MATEMÁTICA, NA NATUREZA E NAS ARTES.

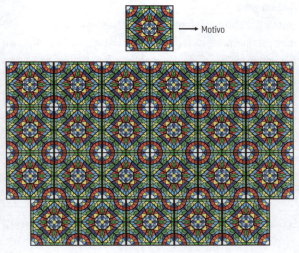

Mosaicos geométricos

A calçada de Copacabana é um dos mosaicos mais conhecidos em todo mundo. Tanto no exemplo anterior como na calçada vista a seguir, a regularidade é uma característica presente nos mosaicos geométricos

Calçada de Copacabana

Arte indígena

Cestos, jacás feitos de palha ou utensílios feitos de barro, estes últimos, principalmente na região da ilha de Marajó, no Pará, mostram a inventividade dos nossos indígenas e a noção intuitiva de algumas construções geométricas.

Observem as ilustrações seguintes :

a) à esquerda, a cerâmica marajoara;

b) à direita, um cesto feito de palha.

Em ambos os casos vemos composições geométricas que obedecem a um determinado padrão, tanto no pote como no cesto.

Desenhos étnicos em cerâmica Marajoara.

Desenhos étnicos em cestos indígenas.

CONCLUSÃO

São tantas as possibilidades de investigação dos padrões ao nosso redor, que podem ser mobilizadas em incríveis aulas de Matemática. É evidente que não seria possível esgotar todas elas neste livro. Fica o convite para que você incorpore à sua prática docente esse desafio e, juntamente com crianças e estudantes de todas as idades, pesquise novas ocasiões para instigantes explorações matemáticas!

REFERÊNCIAS

BLANTON, M.; KAPUT, J. Characterizing a classroom practice that promotes algebraic reasoning. **Journal for Research in Mathematics Education**, v. 36, n. 5, p. 412-446, 2005.

BOALER, Jo. **O que a Matemática tem a ver com isso?** Como professores e pais podem transformar a aprendizagem da Matemática e inspirar sucesso. Porto Alegre: Penso, 2019.

BRASIL. Ministério da Educação. **Base Nacional Comum Curricular**. Brasília, 2018.

DEVLIN. K. **The math gene how mathematical thinking evolved and why numbers are like gossip**. New York: Basic Books, 2000.

DOYLE, W. Work in mathematics classes: The context of students' thinking during instruction. **Educational Psycologist**, v. 23, p. 167-80, 1988.

JOHNSON. D. A.; RISING, G. R.. **Guidelines for teaching Mathematics**. Wadsworth, 1972.

LOPES, Tânia Isabel Duarte. **Padrões e regularidades no ensino básico**. Dissertação (Mestrado em Ensino de Matemática). Faculdade de Ciências e Tecnologia, Universidade de Coimbra. Coimbra, 2012.

NCTM. **Principles and standards for school mathematics**. Reston: NCTM, 2000.

MEIRELES, Cecília. **Obra poética**. Rio de Janeiro: Companhia José Aguilar Editora, 1967.

POLYA, G. **How to solve it**. Princeton, NJ: Princeton University Press, 1988.

SAWYER, W. W. **Prelude to mathematics**. New York: Dover, 1955.

SMITH, M.; HUGHES, E.; ENGLE, R.; STEIN, M. K.. Orchestrating discussions. **Mathematics Teaching in the Middle School**, v. 14, n. 9, p. 548-556, 2009.

STEEN, Lynn. The Science of patterns, **Science**, v. 240, p. 611-616, 1988.

STEIN, M. K.; SMITH, M. S.. Mathematical tasks as a framework for reflection: From research to practice. **Mathematics Teaching in the Middle School**, v. 3, n. 4, p. 268-275, 1998.

VALE, Isabel. As tarefas de padrões na aula de matemática: um desafio para professores e alunos. **Interacções**, n. 20, p. 181-207, 2012.

VALE, Isabel; PIMENTEL, Isabel (Coords.) et. al. **Padrões no Ensino e Aprendizagem da Matemática**: Propostas Curriculares para o Ensino Básico. Viana do Castelo: ESE- Instituto Politécnico de Viana do Castelo – Projecto Padrões, 2009.

WISNIK, Marina. **Sós**. Belo Horizonte: Editora Livra, 2013.

WOOD, Audrey. **A casa sonolenta**. São Paulo: Editora Ática, 1999.

ZAZKIS, Rina; LILJEDAHL, Peter. Generalization of patterns: The tension between algebraic thinking and algebraic notation. **Educational studies in mathematics**, v. 49, n. 3, p. 379-402, 2002.

Central de Atendimento
E-mail: atendimento@editoradobrasil.com.br
Telefone: 0300 770 1055

Redes Sociais
- facebook.com/editoradobrasil
- youtube.com/editoradobrasil
- instagram.com/editoradobrasil_oficial
- twitter.com/editoradobrasil
- @editoradobrasiloficial

Acompanhe também o Podcast Arco43!

Acesse em:

www.editoradobrasil.podbean.com

ou buscando por Arco43 no seu agregador ou player de áudio

Spotify Google Podcasts Apple Podcasts

www.editoradobrasil.com.br

REFERÊNCIAS

© Arco 43 Editora LTDA. 2023
Todos os direitos reservados
Texto © Luiz Roberto Dante

Presidente: Aurea Regina Costa
Diretor Geral: Paulo Serino de Souza
Diretor Administrativo
Financeiro: Dilson Zanatta
Diretor Comercial: Bernardo Musumeci
Diretor Editorial: Felipe Poletti
Gerente de Marketing
e Inteligência de Mercado: Helena Poças Leitão
Gerente de PCP
e Logística: Nemezio Genova Filho
Supervisora de CPE: Roseli Said
Supervisora de Marketing: Livia Garcia
Analista de Marketing: Miki Tanaka

Realização

Direção Editorial: Helena Poças Leitão
Texto: Luiz Roberto Dante
Edição: Katia Queiroz
Revisão: Texto Escrito
Direção de Arte: Miki Tanaka
Projeto Gráfico e Diagramação: Miki Tanaka
Coordenação Editorial: Livia Garcia

```
Dados Internacionais de Catalogação na Publicação (CIP)
         (Câmara Brasileira do Livro, SP, Brasil)

   Dante, Luiz Roberto
      Estudo de padrões na matemática e a BNCC de
   bolso : reflexões para a prática em sala de aula /
   Luiz Roberto Dante. -- 1. ed. -- São Paulo :
   Arco 43 Editora, 2023. -- (De Bolso)

      Bibliografia.
      ISBN 978-65-86987-37-9

      1. Ambiente de sala de aula 2. Aprendizagem -
   Metodologia 3. BNCC - Base Nacional Comum Curricular
   4. Educação 5. Matemática - Estudo e ensino
   6. Prática pedagógica I. Título. II. Série.

23-150343                                     CDD-371.3
             Índices para catálogo sistemático:

   1. Prática pedagógica : Educação    371.3

     Aline Graziele Benitez - Bibliotecária - CRB-1/3129
```

1ª edição / 1ª impressão, 2023
Impressão: Gráfica Pifferprint

Rua Conselheiro Nébias, 887 – Sobreloja
São Paulo, SP — CEP: 01203-001
Fone: +55 11 3226 -0211
www.editoradobrasil.com.br

ESTUDO DE PADRÕES NA MATEMÁTICA E A BNCC de Bolso

Reflexões para a prática em sala de aula

Luiz Roberto Dante

1ª Edição | 2023